LA

REINE MARGOT.

LA
REINE MARGOT

PAR

ALEXANDRE DUMAS.

TOME VIII.

Bruxelles.

SOCIÉTÉ BELGE DE LIBRAIRIE

HAUMAN ET Ce.

1843

LXIV

LA RÉGENCE.

Le roi commençait à s'impatienter. Il avait fait appeler M. de Nancey dans sa chambre, et venait de lui donner l'ordre d'aller chercher Henri, lorsque celui-ci parut.

En voyant son beau-frère apparaître sur le seuil de la porte, Charles poussa un cri de joie, et Henri demeura épouvanté comme s'il se fût trouvé en face d'un cadavre.

Les deux médecins qui étaient à ses côtés s'éloignèrent; le prêtre qui venait d'exhorter le malheureux prince à une fin chrétienne se retira également.

Charles IX n'était pas aimé, et cependant on

pleurait beaucoup dans les antichambres. A la mort des rois, quels qu'ils aient été, il y a toujours des gens qui perdent quelque chose et qui craignent de ne pas retrouver ce quelque chose sous son successeur.

Ce deuil, ces sanglots, les paroles de Catherine, l'appareil sinistre et majestueux des derniers moments d'un roi, enfin, la vue de ce roi lui-même, atteint d'une maladie qui s'est reproduite depuis, mais dont la science n'avait pas encore eu d'exemple, produisirent sur l'esprit encore jeune et par conséquent encore impressionnable de Henri un effet si terrible, que, malgré sa résolution de ne point donner de nouvelles inquiétudes à Charles sur son état, il ne put, comme nous l'avons dit, réprimer le sentiment de terreur qui se peignit sur son visage, en apercevant ce moribond tout ruisselant de sang.

Charles sourit avec tristesse. Rien n'échappe aux mourants des impressions de ceux qui les entourent.

« Venez çà, Henriot, dit-il, en tendant la main à son beau-frère, avec une douceur de voix que Henri n'avait jamais remarquée en lui jusque-là. Venez, car je souffrais de ne pas vous voir ; je vous ai bien tourmenté dans ma vie, mon pauvre ami, et parfois je me le reproche maintenant, croyez-moi.

Parfois j'ai prêté les mains à ceux qui vous tourmentaient ; mais un roi n'est pas maître des événements, et outre ma mère Catherine, outre mon frère d'Anjou, outre mon frère d'Alençon, j'avais au-dessus de moi pendant ma vie quelque chose de gênant, qui cesse du jour où je touche à la mort : la raison d'État.

— Sire, balbutia Henri, je ne me souviens plus de rien que de l'amour que j'ai toujours eu pour mon frère, que du respect que j'ai toujours porté à mon roi.

— Oui, oui, tu as raison, dit Charles, et je te suis reconnaissant de parler ainsi, Henriot ; car en vérité tu as beaucoup souffert sous mon règne, sans compter que c'est pendant mon règne que ta pauvre mère est morte. Mais tu as dû voir que l'on me poussait souvent. Parfois j'ai résisté ; mais parfois aussi j'ai cédé de fatigue. Mais tu l'as dit, ne parlons plus du passé, maintenant c'est le présent qui me pousse, c'est l'avenir qui m'effraye. »

Et en disant ces mots, le pauvre roi cacha son visage livide dans ses mains décharnées.

Puis, après un instant de silence, secouant son front pour en chasser ces sombres idées et faisant pleuvoir autour de lui une rosée de sang :

« Il faut sauver l'État, continua-t-il à voix basse

et en s'inclinant vers Henri, il faut l'empêcher de tomber entre les mains des fanatiques ou des femmes. »

Charles, comme nous venons de le dire, prononça ces mots à voix basse, et cependant Henri crut entendre derrière la coulisse du lit comme une sourde exclamation de colère. Peut-être quelqu'ouverture pratiquée dans la muraille, à l'insu de Charles lui-même, permettait-elle à Catherine d'entendre cette suprême conversation.

« Des femmes ?... reprit le roi de Navarre, pour provoquer une explication.

— Oui, Henri, dit Charles, ma mère veut la régence en attendant que mon frère de Pologne revienne. Mais écoute ce que je te dis, il ne reviendra pas.

— Comment! il ne reviendra pas ?... s'écria Henri, dont le cœur bondissait sourdement de joie.

— Non, il ne reviendra pas, continua Charles ; ses sujets ne le laisseront pas partir.

— Mais, dit Henri, croyez-vous, mon frère, que la reine mère ne lui aura pas écrit à l'avance ?

— Si fait, mais Nancey a surpris le courrier à Château-Thierry et m'a rapporté la lettre ; dans cette lettre j'allais mourir, disait-elle. Mais moi aussi j'ai écrit à Varsovie ; ma lettre y arrivera, j'en suis sûr, et mon frère sera surveillé. Donc, selon toute probabilité, Henri, le trône va être vacant. »

Un second frémissement plus sensible encore que le premier se fit entendre dans l'alcôve.

« Décidément, se dit Henri, elle est là, elle écoute, elle attend ! »

Charles n'entendit rien.

« Or, poursuivit-il, je meurs sans héritier mâle. »

Puis il s'arrêta : une douce pensée parut éclairer son visage, et posant sa main sur l'épaule du roi de Navarre :

« Hélas ! te souviens-tu, Henriot, continua-t-il, te souviens-tu de ce pauvre petit enfant que je t'ai montré un soir, dormant dans son berceau de soie, et veillé par un ange ? Hélas ! Henriot, ils me le tueront !...

— Oh ! sire, s'écria Henri dont les yeux se mouillèrent de larmes, je vous jure devant Dieu que mes jours et mes nuits se passeront à veiller sur sa vie. Ordonnez, mon roi.

— Merci ! Henriot, merci, dit le roi avec une effusion qui était bien loin de son caractère, mais que cependant lui donnait la situation. J'accepte ta parole. N'en fais pas un roi... heureusement il n'est pas né pour le trône ; mais un homme heureux. Je lui laisse une fortune indépendante ; qu'il ait la noblesse de sa mère, celle du cœur. Peut-être vaudrait-il mieux pour lui qu'on le destinât à l'Église; il inspirerait moins de crainte. Oh! il me semble que je mourrais sinon heureux, du moins tranquille, si j'avais là pour me consoler les caresses de l'enfant et le doux visage de la mère.

— Sire, ne pouvez-vous les faire venir?

— Eh! malheureux! ils ne sortiraient pas d'ici. Voilà la condition des rois, Henriot: ils ne peuvent ni vivre, ni mourir à leur guise. Mais depuis ta promesse, je suis plus tranquille. »

Henri réfléchit.

« Oui, sans doute, mon roi, j'ai promis, mais pourrai-je tenir?

— Que veux-tu dire?

— Moi-même, ne serai-je pas proscrit, menacé comme lui, plus que lui, même? Car, moi, je suis un homme, et lui n'est qu'un enfant.

— Tu te trompes, répondit Charles; moi mort, tu seras fort et puissant, et voilà qui te donnera la force et la puissance. »

A ces mots, le moribond tira un parchemin de son chevet.

« Tiens, » lui dit-il.

Henri parcourut la feuille revêtue du sceau royal.

« La régence, à moi, sire! dit-il en pâlissant de joie.

— Oui, la régence à toi, en attendant le retour du duc d'Anjou, et comme, selon toute probabilité, le duc d'Anjou ne reviendra point, ce n'est pas la régence que te donne ce papier, c'est le trône.

— Le trône, à moi ! murmura Henri.

— Oui, dit Charles, à toi, seul digne et surtout seul capable de gouverner ces galants débauchés, ces filles perdues qui vivent de sang et de larmes. Mon frère d'Alençon est un traître, il sera traître envers tous. Laisse-le dans le donjon où je l'ai mis. Ma mère voudra te tuer, exile-la. Mon frère d'Anjou dans trois mois, dans quatre mois, dans un an peut-être, quittera Varsovie et viendra te disputer la puissance ; réponds à Henri par un bref du pape. J'ai négocié cette affaire par mon ambassadeur le duc de Nevers, et tu recevras incessamment le bref.

— Oh ! mon roi !

— Ne crains qu'une chose, Henri, la guerre civile. Mais en restant converti, tu l'évites ; car le parti huguenot n'a de consistance qu'à la condition que tu te mettras à sa tête, et M. de Condé n'est pas de force à lutter contre toi. La France est un pays de plaines, Henri, par conséquent, un pays catholique. Le roi de France doit être le roi des catholiques et non le roi des huguenots ; car le roi de France doit être le roi de la majorité. On dit que j'ai des remords d'avoir fait la Saint-Barthélemy; des doutes, oui; des remords, non. On dit que je rends le sang des huguenots par tous les pores. Je sais ce que je rends, de l'arsenic et non du sang.

— Oh! sire, que dites-vous?

— Rien. Si ma mort doit être vengée, Henriot, elle doit être vengée par Dieu seul. N'en parlons plus que pour prévoir les événements qui en seront la suite. Je te lègue un bon parlement, une armée éprouvée. Appuie-toi sur le parlement et sur l'armée pour résister à tes deux seuls ennemis : ma mère et le duc d'Alençon. »

En ce moment, on entendit dans le vestibule un bruit sourd d'armes et de commandements militaires.

« Je suis mort, murmura Henri.

— Tu crains, tu hésites?... dit Charles avec inquiétude.

— Moi! sire, répliqua Henri; non, je ne crains pas; non, je n'hésite pas : j'accepte. »

Charles lui serra la main. Et comme en ce moment sa nourrice s'approchait de lui, tenant une potion qu'elle venait de préparer dans la chambre voisine, sans faire attention que le sort de la France se décidait à trois pas d'elle :

« Appelle ma mère, bonne nourrice, et dis aussi qu'on fasse venir M. d'Alençon. »

LXV

LE ROI EST MORT : VIVE LE ROI !

Catherine et le duc d'Alençon, livides d'effroi et tremblants de fureur tout ensemble, entrèrent quelques minutes après. Comme Henri l'avait deviné, Catherine savait tout et avait tout dit, en quelques mots, à François. Ils firent quelques pas et s'arrêtèrent attendant.

Henri était debout au chevet du lit de Charles.

Le roi, ignorant de ce qui venait de se passer, leur déclara sa volonté.

« Madame, dit-il à sa mère, si j'avais un fils, vous seriez régente, ou, à défaut de vous, ce serait le roi de Pologne, ou à défaut du roi de Pologne enfin, ce serait mon frère François ; mais je n'ai pas de fils, et après moi le trône appartient à mon frère le duc d'Anjou, qui est absent. Comme, un jour ou l'autre, il viendra réclamer ce trône, je ne veux pas qu'il trouve à sa place un homme qui puisse, par des droits presque égaux, lui disputer ses droits, et qui expose, par conséquent, le royaume à des guerres de prétendants. Voilà pourquoi je ne vous prends pas pour régente, madame, car vous auriez à choisir entre vos deux fils, ce qui serait pénible pour le cœur d'une mère. Voilà pourquoi je ne choisis pas mon frère François, car mon frère François pourrait dire à son aîné : « Vous aviez un trône, pourquoi l'avez-vous quitté ? » Non, je choisis donc un régent qui puisse prendre en dépôt la couronne et qui la garde sous sa main et non sur sa tête. Ce régent, saluez-le, madame ; saluez-le, mon frère ; ce régent, c'est le roi de Navarre. »

Et avec un geste de suprême commandement, il salua Henri de la main.

Catherine et d'Alençon firent un mouvement qui tenait le milieu entre un tressaillement nerveux et un salut.

« Tenez, monseigneur le régent, dit Charles au roi de Navarre, voici le parchemin qui, jusqu'au retour du roi de Pologne, vous donne le commandement des armées, les clefs du trésor, le droit et le pouvoir royal. »

Catherine dévorait Henri du regard ; François était si chancelant qu'il pouvait à peine se soutenir ; mais cette faiblesse de l'un et cette fermeté de l'autre, au lieu de le rassurer, lui montraient le danger présent, debout, menaçant.

Henri n'en fit pas moins un effort violent, et, surmontant toutes ses craintes, il prit le rouleau des mains du roi, et se redressant de toute sa hauteur, il fixa sur Catherine et sur François un regard qui voulait dire :

« Prenez garde, je suis votre maître. »

Catherine comprit ce regard.

« Non, non, jamais ! dit-elle ; jamais ma race ne pliera la tête sous une race étrangère ; jamais un Bourbon ne régnera en France tant qu'il y restera un Valois.

— Ma mère, ma mère ! s'écria Charles IX en se redressant dans son lit aux draps rougis, plus effrayant que jamais : prenez garde, je suis roi encore, pas pour longtemps, je le sais bien ; mais il ne faut pas longtemps pour donner un ordre ; il ne faut pas longtemps pour punir les meurtriers et les empoisonneurs.

— Eh bien, donnez-le donc cet ordre, si vous

l'osez. Moi, je vais donner les miens. Venez, François, venez. »

Et elle sortit rapidement, entraînant avec elle le duc d'Alençon.

« Nancey ! cria Charles ; Nancey, à moi, à moi ! je l'ordonne, je le veux, Nancey, arrêtez ma mère, arrêtez mon frère, arrêtez !... »

Une gorgée de sang coupa la parole à Charles au moment où le capitaine des gardes ouvrit la porte, et le roi, suffoqué, râla sur son lit.

Nancey n'avait entendu que son nom ; les ordres qui l'avaient suivi, prononcés d'une voix moins distincte, s'étaient perdus dans l'espace.

« Gardez la porte, dit Henri, et ne laissez entrer personne. »

Nancey salua et sortit.

Henri reporta les yeux sur ce corps inanimé et qu'on eût pu prendre pour un cadavre, si un léger souffle n'eût agité la frange d'écume qui bordait ses lèvres.

Il regarda longtemps, puis se parlant à lui-même :

« Voici l'instant suprême, dit-il, faut-il régner ? faut-il vivre ? »

Au même instant, la tapisserie de l'alcôve se souleva, une tête pâlie apparut derrière, et une voix vibra au milieu du silence de mort qui régnait dans la chambre royale.

« Vivez, dit cette voix.

— René ! s'écria Henri.

— Oui, sire.

— Ta prédiction était donc fausse : je ne serai donc pas roi ? s'écria Henri.

— Vous le serez, sire, mais l'heure n'est pas encore venue.

— Comment le sais-tu ? Parle ! que je sache si je dois te croire.

— Écoutez.

— J'écoute.

— Baissez-vous. »

Henri s'inclina au-dessus du corps de Charles. René se pencha de son côté. La largeur du lit les séparait seule, et encore la distance était-elle diminuée par leur double mouvement.

Entre eux deux était couché et toujours sans voix et sans mouvement le corps du roi moribond.

« Écoutez, dit René, placé ici par la reine mère pour vous perdre, j'aime mieux vous servir, moi, car j'ai confiance en votre horoscope, et en vous servant je trouve à la fois, dans ce que je fais, l'intérêt de mon corps et de mon âme.

— Est-ce la reine mère aussi qui t'a ordonné de

me dire cela ? demanda Henri, plein de doute et d'angoisses.

— Non, dit René ; mais écoutez un secret. »

Et il se pencha encore davantage. Henri l'imita, de sorte que leurs deux têtes se touchaient presque.

Cet entretien de deux hommes courbés sur le corps d'un roi mourant avait quelque chose de si sombre, que les cheveux du superstitieux Florentin se dressaient sur sa tête, et qu'une sueur abondante perlait sur le visage de Henri.

« Écoutez, continua René, écoutez un secret que je sais seul et que je vous révèle, si vous me jurez sur ce mourant de me pardonner la mort de votre mère...

— Je vous l'ai déjà promis une fois, dit Henri, dont le visage s'assombrit.

— Promis, mais non juré, dit René, en faisant un mouvement en arrière.

— Je le jure, dit Henri, étendant la main droite sur la tête du roi.

— Eh bien, sire, dit précipitamment le Florentin, le roi de Pologne arrive.

— Non, dit Henri, le courrier a été arrêté par le roi Charles.

— Le roi Charles n'en a arrêté qu'un sur la route de Château-Thierry ; mais la reine mère, dans sa prévoyance, en avait envoyé trois par trois routes.

— Oh ! malheur à moi, dit Henri.

— Un messager est arrivé ce matin de Varsovie. Le roi partait derrière lui sans que personne songeât à s'y opposer, car, à Varsovie, on ignorait encore la maladie du roi. Il ne précède Henri d'Anjou que de quelques heures.

— Oh ! si j'avais seulement huit jours, dit Henri.

— Oui, mais vous n'avez pas huit heures. Avez-vous entendu le bruit des armes que l'on préparait ?

— Oui.

— Ces armes, on les préparait à votre intention. Ils viendront vous tuer jusqu'ici, jusque dans la chambre du roi.

— Le roi n'est pas mort encore. »

René regarda fixement Charles.

« Dans dix minutes, il le sera. Vous avez donc dix minutes à vivre, peut-être moins.

— Que faire alors ?

— Fuir sans perdre une minute, sans perdre une seconde.

— Mais par où ? S'ils attendent dans l'antichambre, ils me tueront quand je sortirai.

— Écoutez : je risque tout pour vous, ne l'oubliez jamais.

— Sois tranquille.

— Suivez-moi par ce passage secret ; je vous conduirai jusqu'à la poterne. Puis, pour vous donner du temps, j'irai dire à la reine mère que vous descendez ; vous serez censé avoir découvert ce passage secret et en avoir profité pour fuir ; venez, venez. »

Henri se baissa vers Charles et l'embrassa au front.

« Adieu, mon frère, dit-il, je n'oublierai point que ton dernier désir fut de me voir te succéder. Je n'oublierai pas que ta dernière volonté fut de me faire roi. Meurs en paix. Au nom de nos frères, je te pardonne le sang versé !

— Alerte ! alerte ! dit René ; il revient à lui ; fuyez avant qu'il ne rouvre les yeux, fuyez !

— Nourrice, murmura Charles, nourrice ! »

Henri saisit au chevet de Charles l'épée désormais inutile du roi mourant, mit le parchemin qui le faisait régent dans sa poitrine, baisa une dernière fois le front de Charles, tourna autour du lit, et s'élança par l'ouverture qui se referma derrière lui.

« Nourrice, cria le roi d'une voix plus forte, nourrice ! »

La bonne femme accourut.

« Eh bien, qu'y a-t-il, mon Charlot ? demanda-t-elle.

— Nourrice, dit le roi la paupière ouverte et l'œil dilaté par la fixité terrible de la mort, il faut qu'il se soit passé quelque chose pendant que je dormais : je vois une grande lumière ; je vois Dieu, notre maître ; je vois monseigneur Jésus ; je vois la benoîte Vierge Marie. Ils le prient, ils le supplient pour moi : le Seigneur tout-puissant me pardonne... Il m'appelle... mon Dieu ! mon Dieu ! recevez-moi dans votre miséricorde... Mon Dieu ! oubliez que j'étais roi, car je viens à vous sans sceptre et sans couronne... Mon Dieu ! oubliez les crimes du roi pour ne vous rappeler que les souffrances de l'homme... Mon Dieu ! me voilà. »

Et Charles, qui, à mesure qu'il prononçait ces paroles, s'était soulevé de plus en plus comme pour aller au-devant de la voix qui l'appelait, Charles, après ces derniers mots poussa un soupir et retomba immobile et glacé entre les bras de sa nourrice.

Pendant ce temps, et tandis que les soldats commandés par Catherine se portaient sur le passage connu de tous par lequel Henri devait sortir, Henri, guidé par René, suivait le couloir secret, gagnait la poterne, sautait sur le cheval qui l'attendait et piquait vers l'endroit où il savait retrouver de Mouy.

Tout à coup, au bruit de son cheval dont le galop faisait retentir le pavé sonore, quelques sentinelles se retournèrent en criant :

« Il fuit ! il fuit !

— Qui cela ? s'écria la reine mère en s'approchant d'une fenêtre.

— Le roi Henri, le roi de Navarre ! crièrent les sentinelles.

— Feu ! dit Catherine, feu sur lui. »

Les sentinelles ajustèrent, mais Henri était déjà trop loin.

« Il fuit, s'écria la reine mère, donc il est vaincu.

— Il fuit, murmura le duc d'Alençon, donc je suis roi. »

Mais au même instant, et tandis que François et sa mère étaient encore à la fenêtre, le pont-levis craqua sous les pas des chevaux, et, précédé par un cliquetis d'armes et par une grande rumeur, un jeune homme, lancé au galop, son chapeau à la main, entra dans la cour en criant : *France !* suivi de quatre gentilshommes, couverts comme lui de sueur, de poussière et d'écume.

« Mon fils ! s'écria Catherine en étendant les deux bras par la fenêtre.

— Ma mère ! répondit le jeune homme en sautant à bas du cheval.

— Mon frère d'Anjou ! s'écria avec épouvante François en se rejetant en arrière.

— Est-il trop tard ? demanda Henri d'Anjou à sa mère.

— Non, au contraire, il est temps, et Dieu t'eût conduit par la main qu'il ne t'eût pas amené plus à propos ; regarde et écoute. »

En effet, M. de Nancey, capitaine des gardes, s'avançait sur le balcon de la chambre du roi.

Tous les regards se tournèrent vers lui.

Il brisa une baguette en deux morceaux, et les bras étendus tenant les deux morceaux de chaque main :

« Le roi Charles IX est mort ! le roi Charles IX est mort ! le roi Charles IX est mort ! » cria-t-il trois fois.

Et il laissa tomber les deux morceaux de la baguette.

« Vive le roi Henri III ! cria alors Catherine en se signant avec une pieuse reconnaissance ; vive le roi Henri III ! »

Toutes les voix répétèrent ce cri, excepté celle du duc François.

« Ah ! elle m'a joué, dit-il en déchirant sa poitrine avec ses ongles.

— Je l'emporte, s'écria Catherine, et cet odieux Béarnais ne régnera pas !

FIN DE LA REINE MARGOT.

LXVI

ÉPILOGUE.

Un an s'était écoulé depuis la mort du roi Charles IX et de l'avénement au trône de son successeur.

Le roi Henri III, heureusement régnant par la grâce de Dieu et de sa mère Catherine, était allé à une belle procession faite en l'honneur de Notre-Dame de Cléry.

Il était parti à pied avec la reine sa femme et toute la cour.

Le roi Henri III pouvait bien se donner ce petit passe-temps : nul souci sérieux ne l'occupait à cette heure. Le roi de Navarre était en Navarre, où il avait si longtemps désiré être, et s'occupait fort, disait-on, d'une belle fille du sang des Montmorency et qu'il appelait la Fosseuse. Marguerite était près de lui, triste et sombre, et ne trouvant que dans ses belles montagnes, non pas une distraction, mais un adoucissement aux deux grandes douleurs de la vie : l'absence et la mort.

Paris était fort tranquille, et la reine mère, véritablement régente depuis que son cher fils Henri était roi, y faisait séjour, tantôt au Louvre, tantôt à l'hôtel de Soissons, qui était situé sur l'emplacement que couvre aujourd'hui la halle au blé, et dont il ne reste que l'élégante colonne qu'on peut voir encore en face de la rue.

Elle était un soir fort occupée à étudier les astres avec René, dont elle avait toujours ignoré les petites trahisons, et qui était rentré en grâce auprès d'elle pour le faux témoignage qu'il avait si à point porté dans l'affaire de Coconnas et de La Mole, lorsqu'on vint lui dire qu'un homme qui disait avoir une chose de la plus haute importance à lui communiquer, l'attendait dans son oratoire.

Elle descendit précipitamment et trouva le sire de Maurevel.

« *Il* est ici, s'écria l'ancien capitaine des pétardiers, ne laissant point, contre l'étiquette royale, le temps à Catherine de lui adresser la parole.

— Qui, *il*? demanda Catherine.

— Qui voulez-vous que ce soit, madame, sinon le roi de Navarre ?

— Ici! dit Catherine; ici... lui... Henri!... Et qu'y vient-il faire, l'imprudent ?

— Si l'on en croyait les apparences, il vient voir Mme de Sauve ; voilà tout. Si l'on en croit les probabilités, il vient conspirer contre le roi.

— Et comment savez-vous qu'il est ici ?

— Hier, je l'ai vu entrer dans une maison, et un instant après Mme de Sauve est venue l'y joindre.

— Êtes-vous sûr que ce soit lui ?

— Je l'ai attendu jusqu'à sa sortie, c'est-à-dire une partie de la nuit. A trois heures, les deux amants se sont remis en chemin. Le roi a conduit Mme de Sauve jusqu'au guichet du Louvre ; là, grâce au concierge, qui est dans ses intérêts sans doute, elle est rentrée sans être inquiétée, et le roi s'en est revenu tout en chantonnant un petit air et d'un pas aussi dégagé que s'il était au milieu de ses montagnes.

— Et où est-il revenu ainsi ?

— Rue de l'Arbre-Sec, hôtel de la Belle-Étoile, chez ce même aubergiste où logeaient les deux sorciers que Votre Majesté a fait exécuter l'an passé.

— Pourquoi n'êtes-vous pas venu me dire la chose aussitôt ?

— Parce que je n'étais pas encore assez sûr de mon fait.

— Tandis que maintenant?...

— Maintenant, je le suis.

— Tu l'as vu?...

— Parfaitement. J'étais embusqué chez un marchand de vin en face; je l'ai vu entrer d'abord dans la même maison que la veille; puis, comme Mme de Sauve tardait, il a mis imprudemment son visage au carreau d'une fenêtre du premier, et cette fois je n'ai plus conservé aucun doute. D'ailleurs, un instant après, Mme de Sauve l'est venu rejoindre de nouveau.

— Et tu crois qu'ils resteront comme la nuit passée, jusqu'à trois heures du matin?

— C'est probable.

— Où est cette maison?

— Près de la Croix-des-Petits-Champs, vers Saint-Honoré.

— Bien, dit Catherine. M. de Sauve ne connaît point votre écriture?

— Non.

— Asseyez-vous là et écrivez. »

Maurevel obéit, et prenant la plume:

« Je suis prêt, madame, » dit-il.

Catherine dicta.

« Pendant que le baron de Sauve fait son service « au Louvre, la baronne est avec un muguet de ses « amis, dans une maison proche de la Croix-des-« Petits-Champs, vers Saint-Honoré : le baron de « Sauve reconnaîtra la maison à une croix rouge « qui sera faite sur la muraille. »

« Eh bien ?... demanda Maurevel.

— Faites une seconde copie de cette lettre, » dit Catherine.

Maurevel obéit passivement.

« Maintenant, dit la reine, faites remettre une de ces lettres par un homme adroit au baron de Sauve, et que cet homme laisse tomber l'autre dans les corridors du Louvre.

— Je ne comprends pas, » dit Maurevel.

Catherine haussa les épaules.

« Vous ne comprenez pas qu'un mari qui reçoit une pareille lettre se fâche ?

— Mais il me semble, madame, que du temps du roi de Navarre, il ne se fâchait pas.

— Tel qui passe des choses à un roi ne les passe peut-être pas à un simple galant. D'ailleurs, s'il ne se fâche pas, vous vous fâcherez pour lui, vous.

— Moi ?

— Sans doute. Vous prenez quatre hommes, six

hommes, s'il le faut, vous vous masquez, vous enfoncez la porte, comme si vous étiez les envoyés du baron, vous surprenez les amants au milieu de leur tête-à-tête, vous frappez au nom du mari, et le lendemain, le billet perdu dans le corridor du Louvre, et trouvé par quelque âme charitable qui l'a déjà fait circuler, atteste que c'est le mari qui s'est vengé. Seulement, le hasard a fait que le galant était le roi de Navarre; mais qui pouvait deviner cela, quand chacun le croyait à Pau? »

Maurevel regarda avec admiration Catherine, s'inclina et sortit.

En même temps que Maurevel sortait de l'hôtel de Soissons, Mme de Sauve entrait dans la petite maison de la Croix-des-Petits-Champs.

Henri l'attendait la porte entr'ouverte.

Dès qu'il l'aperçut dans l'escalier :

« Vous n'avez pas été suivie? dit-il.

— Mais non, dit Charlotte, que je sache du moins.

— C'est que je crois l'avoir été, dit Henri, non-seulement cette nuit, mais encore ce soir.

— Oh! mon Dieu! dit Charlotte, vous m'effrayez, sire; si un bon souvenir donné par vous à une ancienne amie allait tourner à mal pour vous, je ne m'en consolerais pas.

— Soyez tranquille, ma mie, dit le Béarnais,

nous avons trois épées qui veillent dans l'ombre.

— Trois, c'est bien peu, sire.

— C'est assez quand ces épées s'appellent de Mouy, Saucourt et Barthélemy.

— De Mouy est donc avec vous à Paris ?

— Sans doute.

— Il a osé revenir dans la capitale ! Il a donc, comme vous, quelque pauvre femme folle de lui ?

— Non, mais il a un ennemi dont il a juré la mort. Il n'y a que la haine, ma chère, qui fasse faire autant de sottises que l'amour.

— Merci, sire.

— Oh ! dit Henri, je ne dis pas cela pour les sottises présentes, je dis cela pour les sottises passées et à venir. Mais ne discutons pas là-dessus, nous n'avons pas de temps à perdre.

— Vous partez donc toujours ?...

— Cette nuit.

— Les affaires pour lesquelles vous étiez revenu à Paris sont donc terminées ?

— Je n'y suis revenu que pour vous.

— Gascon !

— Ventre-saint-gris ! ma mie, je dis la vérité ; mais écartons ces souvenirs ; j'ai encore deux ou trois heures à être heureux, et puis une séparation éternelle.

— Ah ! sire, dit Mme de Sauve, il n'y a d'éternel que mon amour. »

Henri venait de dire qu'il n'avait pas le temps de discuter ; il ne discuta donc point ; il crut, ou, le sceptique qu'il était, il fit semblant de croire.

Cependant, comme l'avait dit le roi de Navarre, de Mouy et ses deux compagnons étaient cachés aux environs de la maison. Il était convenu que Henri sortirait à minuit de la petite maison au lieu d'en sortir à trois heures, qu'on irait, comme la veille, reconduire Mme de Sauve au Louvre, et que, de là, on irait rue de la Cerisaie, où demeurait Maurevel.

C'était seulement pendant la journée qui venait de s'écouler que de Mouy avait enfin eu notion certaine de la maison qu'habitait son ennemi.

Ils étaient là depuis une heure à peu près lorsqu'ils virent un homme, suivi à quelques pas de cinq autres, qui s'approchait de la porte de la petite maison, et qui, l'une après l'autre, essayait plusieurs clefs.

A cette vue, de Mouy, caché dans l'enfoncement d'une porte voisine, ne fit qu'un bond de sa cachette à cet homme, et le saisit par le bras.

« Un instant, dit-il, on n'entre pas là. »

L'homme fit un bond en arrière, et en bondissant, son chapeau tomba.

« De Mouy de Saint-Phale, s'écria-t-il.

— Maurevel! hurla le huguenot en levant son épée. Je te cherchais; tu viens au-devant de moi, merci! »

Mais la colère ne lui fit pas oublier Henri, et se retournant vers la fenêtre, il siffla à la manière des pâtres béarnais.

« Cela suffira, dit-il à Saucourt. Maintenant, à moi, assassin! à moi! »

Et il s'élança vers Maurevel.

Celui-ci avait eu le temps de tirer de sa ceinture un pistolet.

« Ah! cette fois, dit le tueur du roi en ajustant le jeune homme, je crois que tu es mort. »

Et il lâcha le coup. Mais de Mouy se jeta à droite, et la balle passa sans l'atteindre.

« A mon tour maintenant, » s'écria le jeune homme. Et il fournit à Maurevel un si rude coup d'épée que, quoique ce coup atteignit sa ceinture de cuir, la pointe acérée traversa l'obstacle et s'enfonça dans les chairs.

L'assassin poussa un cri sauvage qui accusait une si profonde douleur que les sbires qui l'accompagnaient le crurent frappé à mort, et s'enfuirent épouvantés du côté de la rue Saint-Honoré.

Maurevel n'était point brave. Se voyant abandonné par ses gens et ayant devant lui un adversaire comme de Mouy, il essaya à son tour de prendre la fuite et se sauva par le même chemin qu'ils avaient pris en criant : « A l'aide ! »

De Mouy, Saucourt et Barthélemy, emportés par leur ardeur, les poursuivirent.

Comme ils entraient dans la rue de Grenelle, qu'ils avaient prise pour leur couper le chemin, une fenêtre s'ouvrait, et un homme sautait du premier étage sur la terre fraîchement arrosée par la pluie.

C'était Henri.

Le sifflement de de Mouy l'avait averti d'un danger quelconque, et ce coup de pistolet, en lui indiquant que le danger était grave, l'avait attiré au secours de ses amis.

Ardent, vigoureux, il s'élança sur leurs traces l'épée à la main.

Un cri le guida : il venait de la barrière des Sergents. C'était Maurevel qui, se sentant pressé par de Mouy, appelait une seconde fois à son secours ses hommes emportés par la terreur.

Il fallait se retourner ou être poignardé par derrière. Maurevel se retourna et rencontra le fer de son ennemi, qui presque aussitôt lui porta un coup si habile que son écharpe en fut traversée. Mais de Mouy riposta aussitôt. L'épée s'enfonça de nouveau dans la chair qu'elle avait déjà entamée, et un double jet de sang s'élança par une double plaie.

« Il en tient, cria Henri qui arrivait. Sus! sus! de Mouy. »

De Mouy n'avait point besoin d'être encouragé. Il chargea de nouveau Maurevel; mais celui-ci ne l'attendit point. Appuyant sa main gauche sur sa blessure, il reprit une course désespérée.

« Tue-le vite! tue-le! cria le roi. Voici ses soldats qui s'arrêtent et le désespoir des lâches ne vaut rien pour les braves. »

Maurevel, dont les poumons éclataient, dont la respiration sifflait, dont chaque haleine chassait une sueur sanglante, tomba tout à coup d'épuisement; mais aussitôt il se releva et se retournant sur un genou, il présenta la pointe de son épée à de Mouy.

« Amis! amis! cria Maurevel, ils ne sont que deux! Feu! feu sur eux. »

En effet, Saucourt et Barthélemy s'étaient égarés à la poursuite de deux sbires qui avaient pris par la rue des Poulies, et le roi et de Mouy se trouvaient seuls en présence de quatre hommes.

« Feu! continuait de hurler Maurevel, tandis que l'un de ses soldats apprêtait effectivement son poitrinal.

— Oui, mais auparavant, meurs, traître, meurs,

misérable, meurs damné comme un assassin. »

Et saisissant d'une main l'épée tranchante de Maurevel, de l'autre il plongea la sienne du haut en bas dans la poitrine de son ennemi, et cela avec tant de force qu'il le cloua contre terre.

« Prends garde ! prends garde ! » cria Henri.

De Mouy fit un bond en arrière, laissant son épée dans le corps de Maurevel ; car un soldat l'ajustait et allait le tuer à bout portant.

En même temps Henri passait son épée à travers du corps du soldat, qui tomba près de Maurevel en jetant un cri.

Les deux autres soldats prirent la fuite.

« Viens ! de Mouy, viens ! cria Henri. Ne perdons pas un instant ; si nous étions reconnus, ce serait fait de nous.

— Attendez, sire ; et mon épée, dit de Mouy, croyez-vous que je veuille la laisser dans le corps de ce misérable ? »

Et il s'approcha de Maurevel gisant en apparence sans mouvement ; mais au moment où de Mouy mettait la main à la garde de cette épée, qui effectivement était restée dans le corps de Maurevel, celui-ci se releva armé du poitrinal que le soldat avait lâché en tombant, et à bout portant il lâcha le coup au milieu de la poitrine de de Mouy.

Le jeune homme tomba sans même pousser un cri : il était tué roide.

Henri s'élança sur Maurevel ; mais il était tombé à son tour, et son épée ne perça plus qu'un cadavre.

Il fallait fuir ; le bruit avait attiré un grand nombre de personnes, la garde de nuit pouvait venir. Henri chercha parmi les curieux attirés par le bruit une figure de connaissance, et tout à coup poussa un cri de joie.

Il venait de reconnaître maître La Hurière.

Comme la scène se passait au pied de la croix du Trahoir, c'est-à-dire en face de la rue de l'Arbre-Sec, notre ancienne connaissance, dont l'humeur naturellement sombre s'était encore singulièrement attristée depuis la mort de La Mole et de Coconnas ses deux hôtes bien-aimés, avait quitté ses fourneaux et ses casseroles où justement elle apprêtait le souper du roi de Navarre et était accouru.

« Mon cher La Hurière, je vous recommande de Mouy quoique j'aie bien peur qu'il n'y ait plus rien à faire. Emportez-le chez vous, et s'il vit encore n'épargnez rien, voilà ma bourse ; quant à l'autre, laissez-le dans le ruisseau et qu'il y pourrisse comme un chien.

— Mais vous ? dit La Hurière.

— Moi, j'ai un adieu à dire. Je cours, et dans dix minutes je suis chez vous ; tenez mes chevaux prêts. »

Et Henri se mit effectivement à courir dans la direction de la petite maison de la Croix-des-Petits-Champs ; mais en débouchant de la rue de Grenelle, il s'arrêta plein de terreur.

Un groupe nombreux était amassé devant la porte.

« Qu'y a-t-il dans cette maison ? demanda Henri, et qu'est-il arrivé ?

— Oh ! répondit celui auquel il s'adressait, un grand malheur, monsieur. C'est une belle jeune femme qui vient d'être poignardée par son mari, à qui l'on avait remis un billet pour le prévenir que sa femme était avec un amant.

— Et le mari ? s'écria Henri.

— Il est sauvé.

— La femme ?...

— Elle est là.

— Morte ?

— Pas encore ; mais, Dieu merci, elle n'en vaut guère mieux.

— Oh ! s'écria Henri, je suis donc maudit ! »

Et il s'élança dans la maison.

La chambre était pleine de monde, tout ce monde

entourait un lit sur lequel était couchée la pauvre Charlotte percée de deux coups de poignard.

Son mari, qui pendant deux ans avait dissimulé sa jalousie contre Henri, avait saisi cette occasion de se venger d'elle.

« Charlotte ! Charlotte ! » cria Henri fendant la foule et tombant à genoux devant le lit.

Charlotte rouvrit ses beaux yeux déjà voilés par la mort, elle jeta un cri qui fit jaillir le sang de ses deux blessures, et faisant un effort pour se soulever :

« Oh ! je savais bien, dit-elle, que je ne pouvais pas mourir sans le revoir. »

Et, en effet, comme si elle n'eût attendu que ce moment pour rendre à Henri cette âme qui l'avait tant aimé, elle appuya ses lèvres sur le front du roi de Navarre, murmura encore une dernière fois : « Je t'aime, » et retomba expirée.

Henri ne pouvait rester plus longtemps sans se perdre. Il tira son poignard, coupa une boucle de ces beaux cheveux blonds qu'il avait si souvent dénoués pour en admirer la longueur, et sortit en sanglotant au milieu des sanglots des assistants qui ne se doutaient pas qu'ils pleuraient sur de si hautes infortunes.

« Ami, amour, s'écria Henri éperdu, tout

m'abandonne, tout me quitte, tout me manque à la fois.

— Oui, sire, lui dit tout bas un homme qui s'était détaché du groupe de curieux amassés devant la petite maison et qui l'avait suivi, mais vous avez toujours le trône.

— René! s'écria Henri.

— Oui, sire, René qui veille sur vous; ce misérable en expirant vous a nommé; on sait que vous êtes à Paris, les archers vous cherchent, fuyez, fuyez!

— Et tu dis que je serai roi, René, un fugitif?

— Regardez, sire, dit le Florentin en montrant au roi une étoile qui se dégageait, brillante, des plis d'un nuage noir, ce n'est pas moi qui le dis, c'est elle. »

Henri poussa un soupir et disparut dans l'obscurité.

FIN DE L'ÉPILOGUE.

RUBENS.

Un matin du mois de mai 1600, un jeune homme de vingt-deux à vingt-trois ans, les cheveux blonds flottants, la moustache fauve relevée, grand, bien fait, l'air noble, l'épée au côté, le feutre en tête, quitta une maison de la ville d'Anvers, et se rendit au palais de l'archiduc Albert. A la façon dont il entra, on pouvait voir que, outre qu'il connaissait les moyens d'approcher de Son Altesse, ce devait être un de ses familiers. En effet, il fut introduit tout de suite dans la salle où il se trouvait, et, à peine fut-il entré, que le prince se retourna vers lui :

« Ah ! c'est vous, Rubens, lui dit-il.

— Oui, monseigneur, moi-même, qui viens

demander à Votre Altesse de vouloir être encore aussi bonne pour moi qu'elle l'a toujours été.

— Parlez, parlez, maître, et tout ce que nous pourrons faire pour vous, nous le ferons. »

Et l'archiduc fit asseoir le peintre.

« Monseigneur, dit alors Rubens, vous le savez, je suis un élève d'Otto Vénius. Malheureusement, il se trouve que, malgré tout son talent, mon maître n'a plus rien à m'apprendre ; et, comme je veux faire de mon art une chose sérieuse, je veux aller étudier les œuvres de ceux qui en ont fait une chose grande et divine. Je vais donc quitter Anvers, et je venais vous demander, monseigneur, votre recommandation auprès des princes étrangers.

— Elle vous est accordée, maître. Mais votre résolution, reprit l'archiduc, est-elle si fortement prise que vous quittiez Anvers sans regret ?

— Non pas, monseigneur ; je laisse ici tout ce que j'ai d'amis et de protecteurs : ma mère et Votre Altesse ; mais il faut obéir à sa destinée, et la mienne est d'aller toujours en avant, et, au contraire des autres, de recueillir pour semer. Tout le bruit que les grands peintres d'Italie ont fait pendant le XVIe siècle commence à s'apaiser un peu, maintenant que ces hommes ont disparu ; et en laissant une école à suivre, monseigneur, ils ont laissé une place à occuper. La peinture peut avoir sa hiérarchie comme les lettres, et si le titre de roi est déjà pris, le titre de prince est encore à prendre. C'est une ambition bien grande, je le sais, monseigneur, que d'aller, sans autre passé que le mien, chercher un avenir pareil à celui de ces hommes qu'on appelle Michel-Ange, Raphaël et Titien ; mais je les étudierai d'abord, et, comme Prométhée, je prendrai au ciel ce que je n'aurai pu créer moi-même.

— Et quelle ville avez-vous choisie? Rubens, interrompit l'archiduc ; quelle école avez-vous préférée?

— Je vais à Venise, monseigneur ; j'ai choisi Giorgione, Titien et Véronèse. Ce n'est pas là, c'est vrai, que je trouverai les principes de l'art chrétien tels que l'ont compris Pérugin et Bartolomée, tel que l'a senti Savonarole ; mais, même depuis Raphaël et Michel-Ange, les principes se sont un peu affaiblis, et c'est l'exécution large et la couleur puissante des Vénitiens que je veux voir d'abord. Ensuite j'irai à Rome, à Florence ; et après avoir visité les grands hommes, j'irai visiter les dieux ; puis, quand j'aurai vu ce qu'ils ont fait et ce qui me reste à faire, je reviendrai, monseigneur, auprès de ma mère et de Votre Altesse, et je ne quitterai plus Anvers, je l'espère.

— Qu'il soit fait ainsi que vous voulez, mon beau peintre, dit alors l'archiduc. Venez prendre demain vos lettres de recommandation dont vous n'aurez pas besoin, je pense, en vous présentant vous-même ; puis allez et revenez vite. »

Et le peintre et le duc se quittèrent, non pas comme un sujet et un prince, mais comme deux royautés égales.

Le lendemain, Rubens revint au palais prendre les lettres, et le surlendemain il partit pour Venise.

A partir de cette époque commence la vie bizarre, radieuse et accidentée de cet homme.

Quand Dieu veut créer un type à peu près parfait, il ne le limite en rien ; il lui dit : « Tu seras ce que tu voudras, sans autre appui que ta force, sans autre règle que ton génie. » Puis l'enfant grandit avec une révélation divine, et quand il est trop grand pour rester un homme, nous en faisons un dieu.

Ainsi, créez-vous un génie idéal, un artiste surhumain qui puisse réunir à la fois toute la vigueur de la pensée, toute la puissance de l'exécution, et vous aurez Rubens. Fermez les yeux et regardez, comme dans un rêve, passer cet homme merveilleux, et vous verrez qu'il est à la fois unique et universel. Ce n'est plus, comme Raphaël, une figure mélancolique qui fait rêver, c'est un peintre fougueux qui étonne ; ce n'est plus, comme Michel-Ange, un homme sombre et isolé, c'est un gentilhomme élégant et grand seigneur ; ce n'est plus, enfin, comme Bartolomée, un moine à qui il faut une cellule pour travailler, c'est un diplomate à qui il faut une cour de roi pour peindre. Caméléon de génie multiple et unique, tantôt peintre, tantôt ambassadeur, toujours grand.

Venise devait être en effet le premier point sur lequel se fixeraient les yeux du peintre, avec sa nature ardente et vigoureuse. C'était de là que devaient lui venir la révélation et le jour. En outre, elle était veuve de ses grands hommes, à cette époque ; il pouvait donc parcourir la ville déserte, étudier toute cette école comme on anatomise un grand corps, le sonder, le retourner en tout sens, sans qu'aucun soit là qui l'empêche ou le jalouse.

Il allait donc voir les trois villes radieuses : Venise avec ses doges, Rome avec ses papes, Florence avec ses Médicis. L'une, la voluptueuse cité, toute palpitante de vie et de rumeur, nonchalamment penchée sur les bords de l'Adriatique, comme une odalisque sur son miroir ; la ville blasée à qui il faut des chants et des parfums pendant le jour, et des rumeurs et des sanglots pendant la nuit ; courtisane lascive, qui, comme Messaline, est quelquefois lassée, mais jamais assouvie ; l'autre, l'*urbs* païenne, la ville sainte, couchée entre le Colisée et le Vatican, entre toute sa grandeur passée et toute sa sainteté présente, le front ceint de sa double couronne forgée par les empereurs et par les papes, avec son double monde poétique et pourtant réel, avec Jupiter d'un côté, avec le Christ de l'autre ; il allait réveiller la ville endormie qui semble rêver encore du passé, réédifier sa grandeur tombée, rallumer sa clarté éteinte à côté de son auréole nouvelle, voir si elle est plus grande par ses temples païens que par ses églises chrétiennes, faire revivre tous les cadavres, asseoir les esclaves près des apôtres, les empereurs près des papes, Caligula près de saint Pierre : comparer ; enfin, Florence, fiévreuse encore de ses guerres civiles, étonnée de sa dernière prophétie, chaude de son dernier assassinat ; Florence la prédestinée, qui eut des princes appelés Médicis et un prêtre appelé Savonarole. Puis, après avoir regardé tout ce monde comme un poëte, Rubens allait en avoir un autre à évoquer comme peintre, et le second reposerait du premier.

C'est que l'Italie était belle à voir à ce moment; c'est que le siècle qui venait de finir avait fait grand bruit, et quelque peu remué le monde comme art, comme guerre, comme religion. Michel-Ange, Raphaël, Léon X, Charles-Quint, François Ier, Luther ! C'étaient de grandes ombres à voir passer, c'étaient de radieux fantômes à suivre; et s'il est imposant de traverser une époque quand de grandes choses s'accomplissent, il ne l'est pas moins de la considérer quand ces choses sont devenues des faits et tombées dans le passé depuis la veille. Aussi, on pense comme le désir de voir les pays où avaient vécu ces grands hommes, où s'étaient passées ces choses, dut naître vite dans l'esprit d'un homme comme Rubens, imagination exaltée et poétique elle-même, capable d'embrasser tout d'un seul coup d'œil et de tout retracer d'un seul trait.

Du reste, à cette curiosité d'art se mêlait chez le peintre la curiosité d'aventures. Rien qu'à voir le portrait de Rubens, on devine chez lui l'artiste grand seigneur, gagnant vite et dépensant plus vite encore. Alchimiste bienheureux, qui trouva la pierre philosophale avec toutes ses couleurs, et qui n'eut d'autre creuset que sa palette.

Il partit donc et marcha comme l'homme qui a un but, sans repos et sans fatigue. Et un beau jour il arriva émerveillé, sans doute, de ce bruit, de ce monde nouveau, de ces édifices superbes, de cette cité reine; puis il se mit à chercher quelle maison il habiterait, et quand il l'eut trouvée, il tira sa palette et ses cartons et commença de voir.

Et certes il y àvait à voir et à admirer, surtout pour Rubens, l'homme de la couleur, des tons vigoureux, des lignes hardies et quelquefois impossibles, malgré leur immense beauté. Il se mit donc à voir, à admirer et à étudier surtout.

Ce devait être du reste une révélation pour cet élève du Nord que ce ciel bleu, cette vie ardente, ce soleil chaud de l'Italie, en même temps que cette peinture large, vivante et passionnée laissée par les maîtres qui venaient de mourir. Aussi comprit-t-il tout de suite que ce serait là sa force et sa supériorité, et que son séjour à Rome serait plutôt un pèlerinage qu'une étude.

Dans la maison qu'il habitait à Venise se trouvait un gentilhomme du duc de Mantoue, et quoique ce gentilhomme ne fût pas fort artiste par lui-même, il avait subi devant le peintre l'influence que les hommes supérieurs font subir aux hommes ordinaires. Ils s'étaient donc peu à peu liés si bien qu'ils avaient fini par ne plus se quitter.

Presque tous les jours, le gentilhomme descendait dans l'atelier du peintre, admirant ces chefs-d'œuvre qu'il faisait naître d'un coup de pinceau, s'étonnant de cette facilité féconde, de cet esprit varié, de cette science universelle que possédait Rubens. Enfin, un jour il se mit à le questionner ; car, quelque amitié qu'un homme ait pour un autre, quelque intérêt qu'il prenne au but qu'il s'est marqué, il veut toujours savoir d'où il part. Un matin donc que Rubens était devant sa toile et travaillait, le gentilhomme entra comme à l'ordinaire :

« Eh bien, maître, lui dit-il, déjà au travail ?

— Oh ! mon Dieu, oui ; nous autres artistes, nous nous éveillons avec les oiseaux, et nous travaillons à l'heure où ils chantent. »

Et Rubens se leva jusqu'à ce que le visiteur se fût assis.

« Ainsi vous permettez, continua-t-il, que je me remette à l'œuvre ?

— Et qu'avez-vous fait hier soir, maître, reprit le gentilhomme ; car si vous travaillez tant que les oiseaux chantent, vous cessez au moins quand ils dorment ?

— Hier soir, dit Rubens, j'ai fait ce que je fais toujours dans votre pays enchanté : les soirées sont pures et calmes, et reposent des journées chaudes et brûlantes. L'air est frais, le ciel est bleu, la terre chaude. Que faire, sinon aller admirer Dieu, quand il se montre si beau et si grand ? Je suis sorti, j'ai traversé vos rues splendides, dallées comme nos palais du Nord; j'ai regardé vos édifices admirables, j'ai longtemps marché en rêvant, puis je suis rentré, et après avoir vu la nature, je l'ai lue et je me suis endormi sur mon Virgile.

— Mais vous êtes donc universel, maître, que vous avez à la fois tout le génie du peintre, toute la rêverie du poëte, toute l'érudition d'un savant !

— Non pas ; mais il est arrivé pour moi ce qui arrive pour presque tous les hommes, c'est que mon bon et noble père ne se doutait pas qu'un jour son fils deviendrait un peintre. Alors il avait voulu, ancien magistrat lui-même, faire de moi un homme de robe. Si bien que j'ai fort étudié le latin, entre autres choses. Je ne suis pas devenu avocat, c'est vrai, mais j'ai gardé ce que j'avais appris, et, au lieu de lire toujours Cicéron, je lis souvent Virgile; voilà tout.

— Je ne sais pas comment vous eussiez fait un discours, maître ! mais je vois comment vous faites un tableau, et je vous félicite d'avoir suivi plutôt votre pensée que les projets de votre père, qui s'en félicitera un jour aussi.

— Hélas ! j'avais dix ans à peine quand Dieu me l'a repris et m'a laissé seul ici-bas avec ma mère, noble femme aussi, que j'aime avec tout l'amour et tout le respect qu'on doit avoir pour ce qu'il y a de saint sur la terre. Et, je vous l'avouerai, jusqu'à présent je n'ai trouvé encore aucun autre amour qui pût, sinon chasser, du moins partager l'affection que j'ai pour elle, excepté la gloire, cependant, cette maîtresse jalouse, qui commande en reine, qui nous apparaît toujours vêtue de pourpre et d'or, et qui n'est souvent qu'un squelette sombre et décharné. Aussi, j'ignore où le souffle de ma destinée m'emporte; mais, ce que j'espère, c'est pouvoir revenir un jour dans la ville où je suis né, entre mes souvenirs d'enfance et le tombeau de mon père, jusqu'à ce qu'à mon tour Dieu me rappelle à lui. Voilà toute ma vie passée, tout mon espoir à venir. Vous me connaissez maintenant comme je me connais moi-même.

— Ma vie, à moi, reprit l'ami du peintre, est moins longue dans le passé, et sera surtout moins brillante dans l'avenir. Je suis fils d'un gentilhomme de Mantoue; je suis moi-même gentilhomme du duc, et je remercie Dieu de ce qu'il a fait pour moi, en voyant ce que je peux faire pour vous. J'ai déjà dit au duc de Mantoue ce que j'avais vu de votre génie, maître, et il a répondu qu'il se trouverait fort heureux le jour où vous voudriez choisir sa cour pour demeure. Ce n'est pas un roi puissant et riche, il est vrai; mais il veut faire tout ce que les grands rois du siècle passé ont fait pour les grands hommes de leur temps. Ainsi, quand vous voudrez quitter Venise et venir à Mantoue, je vous servirai de compagnon de voyage; car, à partir d'aujourd'hui, vous n'avez plus besoin d'introducteur.

— Eh bien, merci, mon protecteur; c'est chose convenue. Je passerai par Mantoue et je m'arrêterai chez votre souverain, puisqu'il daigne me l'offrir, reprit Rubens ; seulement, encore quelques jours à Venise, où je ne reviendrai sans doute jamais. J'ai encore bien des choses à voir parmi toutes les merveilles de nos maîtres, puis après je suis au duc de Mantoue corps et âme. »

Rubens, disons-le, avait accepté cette nouvelle protection sans enthousiasme comme sans fatuité, en homme qui comprend déjà qu'il pourra traiter un jour de puissance à puissance avec les plus hauts souverains de l'Europe, et qu'ils seront bien plus honorés de ce qu'il leur laissera que lui de ce qu'il emportera d'eux. Cependant, à l'heure où cette proposition lui était faite, notre peintre n'était encore qu'au commencement de sa vie radieuse, et ne se doutait certes pas de ce que Vincent de Gonzague allait faire de lui.

Au bout de quelques jours, une fois ses cartons finis, ses études terminées, il fut prêt à partir.

Le peintre et le gentilhomme arrivèrent à la cour du duc de Mantoue, et Rubens se présenta à son nouveau protecteur en homme de cour consommé. Il était déjà, par sa nature privilégiée, voué à cette souplesse, à cette finesse de langage qui, sans lui enlever la supériorité de l'homme de génie, lui donnaient dans l'occasion l'allure du courtisan le plus parfait. Rubens n'était pas, en effet, un homme qui ne peut parler que d'art : Rubens parlait de tout et savait tout, peinture, science, diplomatie, et, s'il n'avait pas eu quelque chose de mieux à faire, il eût pu devenir un grand ministre ; mais, heureusement, il était artiste avant tout, et si quelquefois il voulut bien s'inquiéter des intérêts des cours étrangères, ce ne fut que dans ses passe-temps, et il ne lui arriva jamais d'oublier ses pinceaux dans ses ambassades.

Il arriva donc à Mantoue. Là, l'étonnement de l'artiste ne devait plus être le même qu'à Venise ; mais si l'homme eût été accessible à l'amour des titres, son amour-propre eût été pleinement satisfait. Une fois qu'il eut ouvert ses cartons, les éloges commencèrent, et aux éloges succédèrent les faveurs. Vincent de Gonzague le nomma peintre de la cour et gentilhomme, titre dont il n'avait que faire, et que cependant il reçut. Les rois ou les princes étrangers que les grands artistes visitent, en remercîment des œuvres que leur laissent les nobles visiteurs, leur donnent tout ce qu'ils peuvent donner, des titres, des faveurs, des croix, apanage d'amour-propre et don qui n'ajoute rien à ces hommes, pas plus que dans les vieilles Bibles le manteau d'empereur n'ajoute à Dieu.

A peine arrivé, Rubens fit comprendre qu'il se soumettrait avec plaisir aux charges que lui donnait son nouveau titre, mais qu'il ne se mêlerait pas le moins du monde à la vie de ceux qui le portaient déjà. Il voulait bien être grand seigneur, à la condition seule qu'il resterait grand homme, et il avait trop reçu de Dieu pour le sacrifier à ce qu'il recevrait des rois. Il se remit donc, comme à Venise, à travailler ; il reprit ses palettes et ses pinceaux, et continua l'œuvre commencée, recevant chaque jour quelques nouvelles faveurs en échange de ses nouveaux tableaux. Sa position comme amour-propre, s'il en avait, et il devait en avoir, avait grandi beaucoup; ce n'était plus, comme à Venise, un simple gentilhomme qui venait le voir peindre ; c'était le duc lui-même qui lui demandait l'entrée de son atelier et qui s'asseyait auprès de lui pendant qu'il travaillait. Nous pensons, du reste, qu'il devait y avoir une certaine jouissance de vanité pour l'homme qui, tout par lui-même, pouvait se comparer avec l'homme qui n'eût rien été sans les autres, et qui, tout en s'inclinant cérémonieusement devant son noble visiteur, préférait sa royauté de génie à cette royauté de cour. Il devait donc suivre avec plaisir l'étonnement croissant du duc à chaque coup de pinceau, à chaque phrase nouvelle; car, comme Rubens avait sans doute résolu d'étonner Vincent de Gonzague jusqu'au bout, tout en faisant de la peinture il lui parlait diplomatie, après lui avoir parlé latin.

C'était, à dire vrai, ce qui étonnait le plus le duc que cette connaissance des caractères et des intérêts des souverains de l'Europe; aussi se plaisait-il à parler politique avec Rubens, et pouvait-il admirer doublement en voyant ce qu'il faisait et ce qu'il disait à la fois. Ainsi le duc se plaisait fort à entendre Rubens, tout en ébauchant une tête, tout en esquissant un bras, faire, du fond de son atelier, le portrait des princes et des rois.

« Votre avis sur l'Espagne, Rubens? lui dit un jour le duc.

— Mon avis sur l'Espagne, monseigneur? c'est qu'elle est dans la position d'une femme qui a eu un enfantement douloureux : elle a produit Charles-Quint et elle se repose.

— Et vous pensez, maître, qu'il n'y a pas besoin de se tenir bien avec elle ?

— Au contraire, monseigneur. Elle est faible aujourd'hui, mais elle peut être forte demain. Il suffirait pour cela que Philippe III eût un ministre hardi, au lieu d'avoir un favori débauché. La France, monseigneur, s'est reposée de Louis XI jusqu'à François Ier, et de François Ier jusqu'à Henri IV. Il faut toujours qu'un pays reste quelque temps à créer un grand homme, monseigneur. Jusque-là il est inactif ; on croit que c'est de la faiblesse, ce n'est que de l'assoupissement. Philippe II valait moins que Charles-Quint, Philippe III vaut moins que Philippe II ; vienne Philippe IV, et peut-être l'Espagne redeviendra-t-elle la reine du monde.

— Eh bien, Rubens, dit le duc, voulez-vous aller en Espagne ?

— J'irai partout où vous voudrez, monseigneur.

— Non pas seulement comme peintre, ajouta Vincent, mais comme ambassadeur. Arrivé à un certain point, maître, le génie s'étend à tout, et vous aurez l'occasion de servir votre ancien protecteur, l'archiduc Albert, qui attend toujours les secours de l'Espagne, et qui ne peut continuer la guerre sans eux.

— Merci, monseigneur, de me croire capable

d'une mission. Je pensais que je ne serais jamais qu'un peintre, et voilà que vous faites de moi un ambassadeur. Votre volonté soit faite, monseigneur; va pour l'ambassade. J'irais au bout du monde, pourvu que j'y trouvasse des couleurs et des toiles; à plus forte raison en Espagne, où j'aurai tout une nouvelle école à voir. »

La chose convenue fut faite. Rubens partit pour l'Espagne, avec des présents pour le roi et le duc de Lerme, et avec un train de prince. C'est qu'à dater de ce moment commence véritablement l'existence du grand seigneur, que ne cessa plus de mener le peintre : jusque-là, et toujours, rien que de noble dans ce caractère unique. Dans cet homme merveilleux, pas de ces aventures comme à Cellini, qui était toujours prêt à faire un poignard de son ciséau; pas de haine, pas de discussion, pas de duel. Rubens semble toujours placé trop haut pour qu'aucune passion humaine puisse l'atteindre; il est toujours grand, quelque chose qu'il touche; c'est toujours un sommet : il coudoie les princes, les rois; il renchérit sur eux, les honore, les étonne et les laisse émerveillés. Mais tout cela est fait avec une noblesse innée, avec une grandeur royale, avec un génie divin : partout où il passe, riches palais, pauvres chaumières, il y laisse, après huit jours de travail, une toile qui serait la richesse d'une famille. Il travaille éternellement au milieu des cours, en voyage, dans les auberges, dans les palais; les chefs-d'œuvre tombent de ses mains comme une pluie d'or ; il semble que, ainsi que Jupiter pour Sémélé, il veuille toujours paraître dans toute sa gloire pour quelque maîtresse inconnue. Et cependant sa vie jusqu'à présent et dans l'avenir est simple, accidentée quelquefois par ces splendides visites qu'il fait aux rois, mais uniforme dans ses affections. Il n'a pas d'autre maîtresse que son art, mais aussi il lui appartient tout entier. Une fois l'homme ainsi connu, il devient inutile d'énumérer ses œuvres : autant vaudrait compter les étoiles du ciel.

Cependant notre ambassadeur voyageait toujours, et sa fortune grandissait avec sa gloire ; il suivait évidemment une hiérarchie bien marquée. L'élève d'Otto Vœnius avait eu d'abord pour protecteur l'archiduc Albert, puis pour ami le duc de Montoue, et voilà que maintenant il était ambassadeur auprès du roi d'Espagne. Bientôt le bruit se répandit à Madrid qu'un peintre merveilleux allait venir, que le messie de la peinture arrivait. Puis, un jour, une suite nombreuse entra dans la ville, un cortége magnifique comme celui d'un roi, s'arrêta devant le palais de Philippe III, et l'on apprit que l'ambassadeur n'était autre que le peintre.

C'est alors qu'il commença à user de cette prodigieuse fécondité à laquelle nous devons treize mille cinq cents personnages pendant une vie de soixante-trois ans, comme nous en devons sept mille à Raphaël dans une existence de trente-sept. C'est que les grands génies sont ainsi : ils produisent sans s'épuiser ; ils répandent sans se tarir. Que ces hommes aient nom Raphaël, Rubens ou Shakspeare, Dieu leur a mis sur le front le signe créateur, et ils animent tout ce qu'ils créent. Aussi, voyez dans Rubens, le premier des peintres, voyez dans Shakspeare le roi des poëtes, comme toutes les créations sont immenses, comme tous les types sont poétiques ; comme ils partent tous de ce principe éternel, la vérité ! Comme on sent les cœurs battre sous toutes ces poitrines ! comme on sent les passions vivre chez tous ces hommes ! comme ils peuplent, comme ils animent, comme ils fécondent ! Quel monde de génies, de rois, de bacchantes, de vierges, d'empereurs, qui se coudoient, qui se heurtent, qui se suivent ; et toute cette foule idéale et réelle, divine et humaine, est vivifiée par un regard du peintre. Tout cela est immense à confondre la pensée, resplendissant à faire baisser la vue, quand on pense qu'après les créations de Dieu, l'homme peut créer tant de choses encore.

Donc, une fois arrivé en Espagne, les tableaux ne manquèrent pas à Rubens, et ils étaient faits presque aussitôt que commandés. Ce furent d'abord des portraits des ministres, des grands, des nobles, des courtisans, en échange desquels il faisait une moisson d'or; puis aux portraits succédèrent les tableaux d'histoire, et le peintre allait emporter plus de richesses que l'ambassadeur n'en avait apportées.

La réputation de Rubens avait fait un tel bruit en Espagne, qu'elle était arrivée aux oreilles du duc de Bragance, qui fut depuis roi de Portugal. Le duc écrivit donc à un seigneur de Madrid, pour qu'il engageât le peintre à venir le voir à Villa-Viciosa, où il faisait sa résidence.

Rubens obéit, et pour se rendre dignement aux désirs du prince, il emmena un cortége considérable, comme un roi qui va visiter un autre roi. C'était splendide et merveilleux à voir. Ainsi, dès que le pauvre duc apprit avec quelle foule son illustre invité se rendait à Villa-Viciosa, il le fit prier de remettre sa visite à un autre temps, craignant d'avoir à nourrir tant de monde, et joignit à ces avis une bourse de cinquante pistoles. Mais Rubens refusa le présent et répondit à l'envoyé du duc :

« Dites à votre prince que c'est ma façon de voyager ; que je vais passer huit ou dix jours à Villa-Viciosa, non pour prendre, mais pour mon plaisir, et que j'ai emporté mille pistoles pour mes dépenses. »

Puis il se retourna vers ceux qui l'accompagnaient, en disant :

« En marche, messieurs ! »

Et il continua sa route.

Puis après avoir dépensé ses mille pistoles, après avoir donné au duc de Bragance une leçon de royauté, comme sa double mission de peintre et d'ambassadeur était accomplie, il revint en rendre compte au duc de Mantoue, qui lui passa au cou une riche chaîne d'or, le combla de présents, et l'envoya à Rome en le priant de lui copier les plus beaux tableaux de l'école romaine.

Rubens partit encore.

Paul Ier venait de prendre la tiare, à la mort de Clément VIII, et ce pape, élu par l'empire, ne s'en tenait pas moins ferme sur le trône pontifical. La ville où allait Rubens se trouvait, en ce moment, en querelle avec Venise, qu'il venait de quitter, et cette guerre du pape et du doge était sur le point d'ébranler l'Europe entière.

Mais qu'importait à Rubens cette querelle? ces deux royautés ennemies ne pouvaient rien faire à la sienne, et pourvu qu'il pût étudier les œuvres de ces deux grands rois qu'on appelle Michel-Ange et Raphaël, il s'inquiétait fort peu des débats de Venise et de Rome.

C'est que tel est le privilége de l'homme de génie qui a reçu sa mission de Dieu, de n'avoir plus rien à demander aux hommes et de pouvoir traverser les révolutions et les guerres d'une époque, sans que les passions, qui autour de lui élèvent ou renversent des trônes, ébranlent son piédestal. Seulement, si lui ne se retourne pas toujours au bruit que font les rois temporels, eux se retournent souvent au milieu de leurs querelles pour voir passer le roi indépendant, qui n'a d'autre maître que Dieu et d'autre royaume que le génie; ils comprennent quelquefois qu'ils pourront ajouter un nouvel éclat à leur règne, un nouveau fleuron à leur couronne, en offrant à ces élus leur cour pour demeure, et que, peintre ou poëte, ce que l'hôte radieux laissera en s'en allant sera toujours assez beau pour payer l'hospitalité royale et quelquefois pour immortaliser les rois. Cette politique des arts était le secret de Léon X, de François Ier et de Louis XII; mais, comme toutes les grandes et nobles choses, elle s'est peu à peu perdue, si bien que maintenant elle est tout à fait oubliée.

Rubens comprit tout de suite, en arrivant à Rome, que s'il avait trouvé la vigueur du coloris dans l'école de Titien, il trouvait la pureté des lignes dans celle de Raphaël, et il augmenta le trésor de son génie de cette nouvelle fortune; puis, comme un simple élève humble et perdu, il se mit à copier les grands maîtres : respect du prince aux rois, et les copies valaient presque les originaux. C'est là qu'il compléta, comme nous l'avons dit, ce qui pouvait manquer encore à son talent; puis, quand il eut assez copié les autres, il créa à son tour; et, après avoir laissé trois tableaux à la chapelle de Sainte-Hélène, de l'église Sainte-Croix, il partit pour Florence.

Le Vatican était toujours en querelle avec le sénat de Saint-Marc. Le grand-duc de Toscane était, à cette époque, en 1608, Ferdinand de Médicis, qui faillit laisser la succession de son frère François à l'enfant supposé de Bianca Capello, et le même qui fit passer de l'argent à Henri IV pour mettre le siége devant Paris. C'était à lui qu'on devait l'élection de Grégoire XIII et de Sixte-Quint, car il portait le chapeau de cardinal avant la couronne de duc.

Rubens arriva à Florence quelque temps après le

mariage de Marie-Madeleine, archiduchesse d'Autriche, avec Cosme II, fils de Ferdinand, qui venait de donner par ce mariage une preuve de son attachement à la maison d'Autriche. A cette époque, le duc était déjà sur la fin de sa vie. Aucun grand événement politique ne l'occupait. Rubens le trouva donc tout disposé pour les arts ; c'était, du reste, un prince artiste que Ferdinand de Médicis, et qui s'était entouré de tous les grands hommes de son temps, depuis Jean de Bologne, qui lui était attaché, jusqu'à Galilée, qu'il voulut revoir avant de mourir et qu'il rappela en Toscane, dont un mécontentement que lui donna Jean de Médicis l'avait fait partir, en 1592. Notre peintre se mit alors à étudier la sculpture antique et celle de Michel-Ange, et admira toutes les merveilles que la ville des Médicis renfermait, y ajouta trois tableaux de lui et son portrait, et quitta le duc qui devait mourir hydropique un an après, pour aller à Bologne voir les ouvrages des Carrache et pour retourner une seconde fois à Venise.

Cette fois, le lion de Saint-Marc avait cessé de rugir, et avait rendu la proie qu'il gardait et que Rome voulait lui reprendre. Henri IV s'était mis de la partie, et le jour où la France avait parlé, les deux villes ennemies s'étaient tues. Tout était donc rentré dans l'ordre et le doge reconnaissait le pape.

A ce second voyage, les études de Rubens furent plus longues et plus assidues. Il avait vu Rome et avait visité Florence, il pouvait donc comparer ces deux écoles avec celle de Venise. Il gardait toujours le même enthousiasme pour la couleur de Titien et de Véronèse, mais il y joignait une admiration profonde pour le dessin de Raphaël et de l'école romaine en général. Tout en étudiant les grands maîtres, Rubens ne voulait pas les imiter : il voulait voir ce qu'ils avaient fait pour comprendre ce qu'il pouvait faire, et de même que chacune des trois écoles s'était créé une manière différente l'une de l'autre, de même Rubens voulait s'en créer une qui fût différente de toutes et qui fût toute à lui. Car la mission des grands hommes qui se suivent n'est pas de se continuer et d'ajouter à l'édifice construit par les premiers une pierre semblable à la base ; chaque homme de génie doit bâtir son édifice à lui, selon sa fantaisie ou sa pensée, sans rien prendre aux premiers venus, sans rien enlever aux maîtres. Soit peintre, soit poëte, il faut qu'il trouve dans son imagination assez de caprice pour être original, ou assez de force pour être grand. Il n'a pas besoin de l'aide de ceux qui sont déjà venus, car il ne travaille que pour ceux qui viendront. Il y a cependant des êtres qu'il faut admirer et reconnaître avant toutes choses, des phares que Dieu place de distance en distance, et sans lesquels la route serait obscure. Ceux-là, qui ont nom Homère ou Moïse, Raphaël ou Shakspeare, ont créé un monde d'abord, l'ont peuplé ensuite, et se sont tracé de telles routes qu'il faudrait être un géant comme eux pour les parcourir. Mais enfin, si parfait que soit l'ensemble laissé par ces hommes, si poétique que soit leur monde, si vaste que soit leur empire, il reste toujours quelque chose à créer à côté de ce qu'ils ont fait, et l'homme de génie qui, comme Rubens, a compris sa mission, après s'être incliné devant ces rois du passé, s'isole à son tour, se creuse une route nouvelle et mystérieuse, et quand le découragement ou la fatigue ne l'a pas tué, se montre rayonnant sur quelque haut sommet; et la foule étonnée, qui ne comprend pas cette ascension merveilleuse, se demande s'il a gravi la montagne, comme Moïse, ou s'il a daigné descendre du ciel, comme Dieu.

Aussi, tout autre que Rubens, en voyant cette immensité de génie qui venait de remplir le XIe siècle, se fût sans doute arrêté ébloui, et fût retourné en arrière; mais, nous l'avons vu, Rubens était un alchimiste habile. Il jeta les trois écoles dans son creuset, et ce fut le premier qui trouva moyen de faire, avec de l'or, autre chose que des cendres. Quoique une circonstance particulière l'eût fait aller en Espagne, Rubens, comme nous l'avons vu, ne voulait que visiter l'Italie et revenir ensuite à Anvers. Mais, comme tous les hommes qui approfondissent les choses, la première vue ne lui suffisait pas, et, après avoir voulu revoir Venise, il voulut revoir Rome. Cette fois, il quitta la ville du doge avec la ferme conviction qu'il n'y reviendrait jamais. Aussi emporta-t-il tous les souvenirs qu'il put, en échange desquels il laissa quelques-uns de ses trésors à lui ; et quand il pensa que la ville et lui pouvaient se séparer sans rien se devoir, il partit. C'était pourtant bien là la ville qu'il lui fallait : chaude dans son climat et dans ses passions, toujours vivante et animée, toujours voluptueuse et belle ; mais il fallait faire céder l'enthousiasmo à la raison. Rubens était, en quittant cette ville, semblable à l'homme qui, en se mariant, dit adieu à sa plus belle maîtresse, et Venise garda son souvenir, comme celui-ci garda son amour.

Paul Ier, nous l'avons dit, s'était réconcilié avec le doge. Il s'aperçut donc du retour du peintre, et il fit voir qu'il s'en était aperçu, en lui commandant un tableau pour son oratoire de Monte-Gavallo. Le pape a ses courtisans comme le roi ; tous commandèrent des tableaux à leur tour. Rubens satisfit à toutes les demandes avec la prodigieuse fécondité que nous lui connaissons. Si bien qu'au bout de peu de temps il eut vu tout ce qui lui restait à voir, achevé tout ce qu'il avait à faire, et qu'il dit un dernier adieu à la ville sainte, après avoir écrit son nom sur toutes les places vides.

Deux villes encore et son pèlerinage était terminé. Il commença par Gênes, la cité de palais, qui mire son front de marbre dans la Méditerranée, et qui semble de loin, avec ses maisons échelonnées les unes sur les autres, les premières marches d'un escalier gigantesque. A cette époque, Gênes était encore pleine du souvenir d'André Doria, et l'un des premiers palais qu'on apercevait en y arrivant était le sien, placé au-dessus de tous les autres, comme une sentinelle vigilante. Car c'était une vie grande et aventureuse que celle de cet homme, dont le nom remontait au XIIe siècle, dont la famille fut toujours plus élevée que les autres, et qui, lui, fut le plus grand de sa famille. Rubens put voir la terrasse d'où, après ses splendides repas, il faisait jeter sa vaisselle d'or dans la mer, et d'où, en 1555, il fit noyer le frère de Fiesque.

C'était donc une belle ville à parcourir, avec de beaux noms à évoquer et de grandes choses à voir.

Il n'y avait plus, il est vrai, les ombres de Michel-Ange et de Raphaël, de Titien et de Véronèse à suivre, mais il y avait à contempler un colosse qui, tombé depuis un demi-siècle, emplissait encore la ville ; il y avait à voir des palais splendides et miraculeux comme on n'en voit nulle part, fermes et puissants dans leur base comme les habitants dans leur volonté ; puis, enfin, il y avait quelque part la Cène de Léonard de Vinci, perle admirable cachée dans cet écrin de marbre, et, n'y eût-il eu que cette seule chose à admirer, c'était toujours assez pour que Rubens vînt à Gênes.

Il se mit donc tout simplement à copier cette belle page de Vinci, qui fut gravée depuis sur le dessin de l'illustre copiste; et quand il n'eut plus rien à faire avec les tableaux, il s'occupa des palais.

Alors de peintre il devint architecte, il leva les plans des plus beaux édifices de Gênes ; car cette puissante organisation cumulait tout et recueillait partout, sûr qu'un jour cette moisson d'études deviendrait entre ses mains une moisson de gloire. Il en composa un très-grand volume, qui fut si bien reçu du public que deux éditions se succédèrent de suite.

Rubens, après ses plans, s'était mis à peindre des tableaux d'histoire, qu'il lui fallut quitter pour des portraits. Les principaux de la ville ne voulurent pas laisser partir un pareil homme sans garder quelque chose de son admirable pinceau, et presque toute la noblesse gênoise posa dans l'atelier du peintre. Ce fut pendant quelque temps une rage de portraits. Cependant, comme notre peintre travaillait toujours avec la même rapidité, il vint un moment où les nobles modèles manquèrent : Rubens, n'ayant plus rien à faire dans la ville pour les hommes, consacra ses dernières œuvres à Dieu, et les Gênois prétendent que les deux pages qu'il leur laissa dans l'église des Jésuites sont les plus belles de sa vie.

L'autre ville que voulait voir l'artiste, après Gênes, était Milan. Mais si vif que fût son désir, il ne pouvait se décider à quitter l'endroit où il était. C'était au moment de faire ce pas qui allait le séparer pour toujours de l'Italie, qu'il comprenait le bonheur qu'il aurait à y rester. Le climat, la fortune, les grands noms au milieu desquels il vivait depuis huit ans, la protection qu'il avait trouvée chez les princes, l'admiration qu'il avait excitée chez tout le monde, lui semblaient autant de biens qu'il ne retrouverait nulle part, et Milan allait être le dernier coup d'œil de l'artiste, le dernier relais du voyageur ; ainsi, comme nous l'avons dit, Rubens ne se décidait pas à partir.

Il était arrivé à l'apogée de sa gloire ; tout autour

de lui était donc heureux et resplendissant, lorsqu'une lettre venue d'Anvers le fit retomber dans la réalité de la douleur. Au milieu du prestige éblouissant qui environnait l'artiste, rien n'avait altéré le cœur de l'homme, si bien qu'il conservait encore cet amour saint et pur qu'il avait en partant pour sa mère. Mais quand, comme lui, on marche de triomphe en triomphe, tout en n'oubliant pas ceux qu'on aime, on ne pense pas qu'au milieu de tant de félicités Dieu puisse cacher une grande souffrance, et l'on vit du bonheur présent, sans entrevoir la possibilité d'un chagrin à venir.

Cependant, si pressée que fût cette lettre, si grave que fût la maladie, on ne désespérait pas encore, et peut-être arriverait-il à temps. Aussi, Rubens répandait l'or, brûlait le pavé, se disant : « Ma mère se meurt ! » Souffrant de cette distance qu'il lui restait à franchir et maudissant l'art qui le séparait de ce qu'il aimait le plus au monde, il faut avoir souffert soi-même de cette douleur immense qu'apporte la mort d'une personne aimée pour comprendre ce qu'il y a d'affreux dans cette solitude du voyage. Nous qui savons que Rubens avait toutes les grandes vertus des grands hommes, depuis le génie dans ce qu'il a de plus élevé jusqu'au cœur dans ce qu'il a de plus noble, nous comprenons ce qui dut se passer en lui, en revoyant cette route qu'il avait suivie plein d'espoir, et qu'il parcourait maintenant plein de terreur. Tous ses souvenirs d'enfance lui apparaissaient à travers le voile noir de ce nouveau deuil; toutes les riantes journées de sa jeunesse, tout ce bonheur qui semble si naturel à l'enfant, qu'il n'y fait même pas attention, quand il en jouit, il se le rappela dans toute sa plénitude et dans toute son innocence; et c'était peut-être pour enfermer entre quatre planches de bois celle à qui il devait toute cette félicité passée qu'à cette heure il courait les chemins et qu'il se hâtait vers cette infortune, comme peu de temps auparavant il se hâtait vers une vanité.

Et la route lui semblait immense, infranchissable; et chaque fois que sur le chemin désert descendait le soir, les pensées sombres venaient se heurter dans l'esprit du peintre, comme les oiseaux de nuit sur un cadavre. Alors il revoyait la maison de sa mère, il voyait l'endroit où il allait descendre, les salles qu'il allait traverser, désertes et silencieuses, pour arriver à la chambre bien connue de sa mère où mille fois il avait reçu son baiser d'amour, et où il allait peut-être recevoir son râle de mort. Puis, ses souvenirs revenaient en foule; et lorsque le cœur était trop gonflé, les larmes débordaient, et c'étaient sans doute les moments les moins douloureux du pauvre voyageur.

Ici nous ne sommes plus historien. Ce n'est plus l'artiste, ce ne sont plus des œuvres que nous avons à juger ; ce sont des sentiments que nous voulons reproduire, et, dans un homme comme Rubens, le cœur doit être reproduit aussi bien que le génie, pour que chacun puisse le considérer sur toutes ses faces, l'admirer sur tous ses côtés, et voir qu'il fut grand partout et toujours.

Arrivé à Bruxelles, Rubens apprit que sa mère était morte. Alors cet homme, pleurant et faible comme un enfant, n'osa pas revoir en face et pardessus une tombe tout son bonheur passé et tous ses souvenirs joyeux. Quand une grande douleur tombe dans l'âme, elle anéantit toutes les passions, et semble briser tous les ressorts de la vie. Alors l'homme qui souffre, quand il lui reste une famille, s'entoure de tous les cœurs qui l'aiment ; mais quand il n'en a pas, quand il voit que la maison est déserte, comme son cœur est vide, il s'isole avec Dieu, cette bonté universelle où toute douleur trouve une consolation.

Rubens se retira à l'abbaye de Saint-Michel d'Anvers. Là, rien ne vint distraire l'existence de l'illustre reclus. Ce fut un repos dans sa vie. Pendant quelque temps, le peintre devint une espèce de moine obscur, occupé seulement de deux choses : de sa douleur et de Dieu. Puis, après les consolations qu'il avait demandées au ciel, vinrent celles que pouvait lui donner son art, et il se remit à peindre ; car c'était l'homme infatigable, à qui il fallait éternellement de l'étude et du travail, qui ne serait pas mort de douleur peut-être, mais qui serait mort d'inaction.

Puis la pensée principale, religieuse, et dans le principe, unique, de cette reclusion, fut d'élever un monument à sa mère, digne à la fois de la vertu de celle qu'il reconnaissait et de la piété et du talent de celui qui voulait le lui élever. Et pour qu'aucune autre main que la sienne ne touchât à ces restes vénérés, à cette mémoire sainte, il composa lui-même l'épitaphe à mettre sur la tombe, suspendit au-dessus un tableau qui avait été trop grand pour Gênes, mais qui ne l'était pas trop pour cette dépouille sacrée ; et quand il eut longtemps prié sa mère et Dieu dans ce sanctuaire qu'il venait de lui construire, il quitta l'abbaye et rentra dans la vie ordinaire.

A cette heure, le passé de Rubens était déjà merveilleux : partout où il était allé, il avait laissé un souvenir, partout où il y avait une place vide, il avait accroché une toile ; et le grand-duc, le pape, les cardinaux, les confréries, lui avaient commandé des tableaux. A Florence, après avoir étudié Michel-Ange, il avait exécuté un Héros entre Minerve et Vénus, secouru par le Temps; les Trois Grâces en grisaille, et un Silène. A Rome, il avait donné une Vierge et sainte Anne adorant l'enfant Jésus; aux cardinaux, à la princesse de Scalamare, aux pères de l'Oratoire, il vendit le Triomphe du Tibre, les douze Apôtres, une Orgie de soldats, Protée et les dieux marins à table, servis par trois Néréides, Vertumne et Pomone, et tout cela, mythologie et christianisme, dieux et Vierges empreints d'une beauté et d'un grandiose admirables, également étonnants comme couleur et comme pensée, comme fantaisie et comme exécution; si bien que le ciel nouveau n'avait certes rien à envier à l'Olympe antique. Pour l'église neuve des Pères de l'Oratoire, il avait fait trois pièces d'autel, la Vierge et l'enfant Jésus adoré par les Anges, une Vierge martyre accompagnée de deux Saintes, puis saint Grégoire le Grand, saint Maurice, saint Jean-Baptiste, et un cortége de saints; pour la Bibliothèque ambrosienne, la Vierge et l'enfant Jésus entourés d'un cercle de fleurs; puis d'autres encore, tels que la Circoncision du Christ, saint Ignace guérissant les malades, et ceux que nous oublions.

C'était donc l'Italie qui avait la plupart de ses œuvres, et elle était du reste le pays aimé de Rubens. Aussi, une fois qu'il se fut décidé à quitter l'abbaye de Saint-Michel, voulut-il retourner à Rome et revoir la contrée enchantée que Dieu semblait avoir choisie depuis un siècle pour en faire le phare du monde. Puis, au sortir de cette grande douleur que venait d'éprouver le peintre, la vue de cette tombe où étaient tous ses souvenirs le faisait souffrir encore, et mieux valait pour lui retourner en Italie, où il parviendrait peut-être à oublier; mais lorsque l'archiduc Albert apprit ce projet de départ, il fit appeler le peintre à Bruxelles, et voyant qu'il ne pouvait le retenir sans le forcer, il lui donna la clef de chambellan. Si Rubens avait fui la cour lorsqu'il était heureux, à plus forte raison devait-il l'abandonner étant triste; il obtint donc de l'archiduc la permission de résider à Anvers. Ceci se passait en 1610; et au moment où Rubens se retirait dans sa solitude dont il allait faire un musée envié des rois, une grande secousse ébranlait l'Europe et lui faisait perdre son équilibre.

Ravaillac venait de porter au roi de France, Henri IV, un coup mortel, et venait de faire à la France une blessure qu'il lui faudrait un siècle pour fermer.

Si loins de Rubens que semblent ces événements, si en dehors de sa vie que paraisse ce crime, il faut pourtant que nous retournions au bruit que fait l'Europe en l'apprenant. Peut-être un jour le peintre aura-t-il à reproduire cette vie qui vient de s'éteindre ; nous pouvons donc voir ce qu'était cet Achille, en écrivant la vie de son Homère. Du reste, Rubens se trouve encore mêlé un peu aux événements politiques de cette époque, et l'archiduc Albert se trouve fort exposé à une guerre avec le roi Henri. Ce qui se passe en France n'est donc pas si en dehors des intérêts de la Flandre qu'il le semble d'abord.

Or, voici ce qui s'était passé :

Le 25 mars 1609, un duc de Clèves et de Julliers mourut sans enfant, ce qui fit dire à Henri IV qu'il laissait tout le monde son héritier. C'est ce qui arriva en effet. La succession était tellement obscure, que plusieurs princes y avaient des droits égaux; mais si quelqu'un n'en avait pas, c'était certes le roi de France. Le pays convoité était placé entre les Pays-Bas et l'Allemagne, si bien qu'il n'était indifférent ni à Henri IV ni aux provinces espagnoles de Flandre, ni aux Provinces-Unies, ni à l'Empereur, que ce pays échût à un prince qui leur fût plus ou moins ami. Puis les deux partis qui, à cette époque, séparaient l'Allemagne, se portaient, l'un pour l'Empereur, l'autre pour le côté opposé. De sorte que le chef de l'Empire crut prudent de mettre d'abord le séquestre sur l'héritage contesté; mais il fut devancé par le marquis de Brandebourg et le palatin de Neubourg. Henri IV voulut faire comprendre que rien ne pouvait se faire en Europe sans lui, que la balance devait pencher du côté où il pèserait, et il fit marcher vers la Champagne trente mille hommes d'infanterie, une immense artillerie; puis, pour donner plus d'importance à cette résolution, il annonça qu'il allait se mettre lui-même à la tête de cette armée.

Voilà la raison de cette équipée que le bon roi Henri IV avouait tout haut. Mais il y en avait une qu'il n'avouait pas ou fort peu.

Henriette Charlotte de Montmorenci avait depuis peu épousé le prince de Condé, qui l'avait emmenée hors de France pour la soustraire à l'amour du roi. Henri IV était toujours le même étant vieux qu'étant jeune, et il redemanda à l'archiduc Albert et à l'infante Isabelle, souverains des Pays-Bas, de lui rendre les deux transfuges, en laissant comprendre qu'il avait une armée prête qui pourrait, à la rigueur, aller prendre de force ce qu'on ne voudrait pas lui rendre de bonne volonté.

Le prince de Condé trouva le moment favorable pour se mettre d'un parti, et il écrivit contre le gouvernement de France et contre le ministère surtout; puis il passa à Milan et confia sa femme à l'infante. Henri IV avait donc toutes les raisons valables de se rendre en Flandre; mais il voulut auparavant assurer la régence du royaume, puis il régla les affaires jusqu'à son départ.

Le mercredi 18 mai 1610, le roi alla chez son ministre, le duc de Sully, à l'Arsenal. Le carrosse suivait la rue de la Ferronnerie; deux charrettes embarrassaient le chemin, un bras pénétra dans la voiture et tout fut dit.

Le lendemain, se répétait dans Paris ce cri terrible et puissant : Le roi de France est mort!

Ravaillac fut écartelé et Marie de Médicis nommée régente de France, si bien que le pays fut puni comme le meurtrier.

Et maintenant laissons grandir Louis XIII, ce roi chétif, sans doute maudit de Dieu, qui lui donna pour mère Marie de Médicis et pour ministre Richelieu; puis revenons à Rubens, que nous avons laissé à Anvers, triste de sa douleur à lui au moment de cette douleur universelle.

D'abord, n'ayant pas l'idée d'un bonheur après ce qu'il venait d'éprouver, Rubens ne pensa qu'à une distraction ; mais il se la donna splendide et merveilleuse comme un prince. Il se fit construire un atelier dont on eût pu faire un palais. Il l'emplit de tableaux, de sculptures antiques d'un prix à doter une altesse; puis quand il eut rempli sa demeure des trésors de l'art, quand il l'eut faite rayonnante comme un Olympe, il s'assit au milieu de cette royauté. Et quand il eut bien admiré son empire, il vit qu'il était seul à en jouir, et la tristesse lui vint au cœur.

Alors, à l'amour filial que tout enfant reçoit de Dieu en venant au monde, succéda l'amour dont tout homme a besoin plus tard pour se soutenir. L'âme de l'ange qui venait de monter au Seigneur sembla redescendre du ciel pour reprendre une nouvelle forme, et Dieu permit que Rubens pût verser dans le cœur de cette femme son amour et sa souffrance.

Tôt ou tard, toute blessure devient cicatrice, toute douleur devient souvenir, et il arrive un moment où l'on peut appuyer la main sur l'une et fixer sa pensée sur l'autre sans faire venir le sang ni les larmes.

Cette même année, 1610, Rubens épousa Isabelle Braux, dont il eut un fils qui eut pour parrain l'archiduc Albert, lequel lui donna son nom.

Ainsi, comme honneur, comme vanité, comme fortune, comme gloire, Rubens n'avait plus rien à souhaiter. Mais il lui manquait encore ce qu'il faut à tous les grands hommes, des critiques, c'est-à-dire des envieux, des nains qui mordent les pieds des géants; Rubens avait trop bien commencé pour ne pas se donner toutes les gloires; ce qui ne l'empêchait pas de travailler tout le jour, de monter le soir un des magnifiques chevaux qu'il avait dans ses écuries, de faire le tour des remparts et de rentrer dans son palais, invulnérable et indifférent à tous les cris de haine et de jalousie qui venaient mourir à sa porte.

Il y en eut un, et l'histoire a gardé son nom pour en rire, Abraham Janssens, qui poussa la folie jusqu'à porter un défi de peinture à Rubens, qui, de son côté, poussa la bonté jusqu'à le refuser; mais, en même temps que ce défi lui arrivait de la part de cet homme, une commande lui vint de la part de l'archiduc. Au bout de vingt jours à peu près l'ouvrage était fait, le prince était émerveillé et le rival anéanti.

Il faut avouer, du reste, qu'en revenant à Anvers précédé par sa réputation, déjà grande, Rubens effaçait bien des noms, détruisait bien des renommées. Cette oligarchie de petits peintres flamands qui, depuis son départ, s'étaient taillé leur petit royaume, fut forcée de se dissoudre quand le maître reparut. Alors les rois de la veille furent sujets le lendemain, et, ne pouvant plus rien par la force, ils essayèrent la ruse. Ne pouvant être lions ils se firent renards ; ils vinrent rôder autour du génie du peintre pour tâcher de lui enlever quelque chose, pauvres lazzaroni de gloire qui, tous réunis, n'auraient pu couvrir l'ombre du colosse.

A partir de ce jour, la royauté de Rubens fut donc unanimement reconnue, et nul n'osa plus porter atteinte, sinon envie, à cette majesté puissante et divine.

Alors se décida réellement chez lui son admirable fécondité. Le premier tableau qu'il fit après la Sainte-Famille, que venait lui redemander l'archiduc, fut pour la confrérie de Sainte-Ildefonse où il avait été admis : ce fut une de ses plus belles choses. La Vierge, sur un trône d'or, donne la chasuble à saint Ildefonse à genoux devant elle. Quand on vint lui apporter le prix de l'œuvre, Rubens le refusa, en disant qu'il avait payé une dette et non vendu une toile. Puis il continua. Alors les églises, les couvents, les confréries, les palais, les musées, les cours, vinrent lui demander des tableaux ; il avait temps et force pour tous : il faisait une merveille en un mois, et gagnait deux cents florins en un jour.

C'est à ce moment qu'un alchimiste anglais vint lui proposer de faire de l'or.

Rubens le conduisit dans cette merveilleuse galerie de tableaux qu'il venait de se donner pour se distraire d'une douleur, et quand il lui eut fait voir tous ces chefs-d'œuvre, il lui montra des toiles nues.

« J'ai assez fait d'or dans le passé, lui dit-il alors, pour acheter ce que vous venez de voir, et quand j'aurai couvert ces toiles nues, je pourrai acheter le double de ce que j'ai. Rentrez dans votre laboratoire, mon ami, et laissez-moi dans mon atelier. Quand de l'or que vous risquez vous aurez fait des cendres, si vous avez besoin d'argent, venez à moi. »

Il congédia l'alchimiste, et se remit au tableau de Jésus-Christ donnant les clefs du Paradis à saint Pierre, qu'il terminait à cette époque.

C'était une belle et suave composition, qui portait bien le reflet de l'Italie et de Raphaël. C'était bien la sainte et douce figure du Christ, telle que peut la rêver le génie, telle que peut l'idéaliser le pinceau ; c'était bien la grave et austère figure de saint Pierre, cette sentinelle de la foi placée par le Sauveur, et à qui Dieu dit : « Liez et déliez. » C'était enfin une merveilleuse peinture que venait d'acquérir là le chancelier d'Amant, et qui vint rayonner sur le monument sépulcral de sa famille, à Sainte-Gudule.

Puis Rubens, qui comprenait tout ce qu'il y a de pur à prendre, de saint à réaliser dans la vie et la mort du fils de Dieu, continua à le peindre. Aux Capucins, il donna le Christ descendu de la croix, et reposant sur les genoux de sa mère, que veut consoler saint François d'Assise.

Ici, outre la pureté de lignes du premier, on retrouve cette angélique ferveur de la prière, cette sainte résignation de la douleur chez la femme qui porte mort sur ses genoux l'enfant qu'elle a nourri : c'est bien là cet amour puissant qui a fait veiller la mère au pied de la croix où agonisait son fils, et qui, restée seule avec le cadavre saint, pleure toutes les larmes de son cœur sur l'enfant de ses entrailles ; c'est bien la foi du saint qui détourne les yeux de la Vierge, de la terre où sera le corps, pour lui montrer le ciel où sera l'âme.

Puis, nous qui croyons qu'on ne passe pas tout de suite de la douleur à l'indifférence, mais que dans le moment de transition où la douleur commence à dormir au fond de l'âme, la rêverie s'empare de l'imagination, nous pensons que l'esprit se porte naturellement aux choses pures et saintes, pleines de consolation, d'amour et d'espérance. Ainsi Rubens, quelque temps après la perte de sa mère, semble se plaire dans les sujets sacrés, dans les compositions douces et poétiques, lui l'homme des lignes hardies, des formes larges, de la couleur vigoureuse. Aussi, voyez comme sous son pinceau cette belle figure du Christ prend toutes les formes, toutes les expressions de la résignation et de la foi, de la douleur et de l'innocence; comme le peintre ceint le front sacré du Sauveur de sa double couronne d'épines et de gloire; comme il l'embrasse dans toute sa vie, depuis le moment où les mages adorent le berceau, jusqu'à celui où les bourreaux lèvent la croix; puis, comme il l'entoure de son radieux cortége quand il a fini de le peindre! alors ce sont des saints, des martyrs, des prêtres, tous ceux qui, illuminés de cette foi divine, ont cru, ont prédit, ont souffert.

Que ceux qui reprochent à Rubens d'oublier le dessin pour la couleur aillent voir cette longue élégie du Christ, et puisqu'ils sont aussi incrédules que saint Thomas, qu'ils touchent et qu'ils voient.

Certes le peintre ou le poëte, Rubens ou Shakspeare, peuvent avoir parfois, l'un des lignes qui semblent impossibles, l'autre des caractères qui paraissent faux ; c'est que le spectateur froid de la peinture ou l'auditeur impassible de l'œuvre ne comprend pas que la plume et le pinceau ont obéi à des passions, et que les muscles et les paroles de l'homme qui prie ne sont pas les mêmes que chez l'homme qui tue. De là ces formes, ces mots qui vus froidement, qui écoutés sans émotion, paraissent faux et impossibles, et que l'on dit triviais parce qu'ils sont trop vrais.

Nous comparons toujours Rubens à Shakspeare, parce que, à notre avis, rien n'est plus semblable que ces deux génies. Tous deux ils se touchent d'abord par le même point, la vérité, et se rejoignent encore par la poésie; parce que tous deux ils ont osé; parce que tous deux ils ont découvert; parce que tous deux ils ont créé.

La pensée du peintre ne pouvait pas s'arrêter à la Mort du Christ : après la douleur il fallait la gloire ; après l'échafaud, l'apothéose ; après la terre d'exil le ciel de béatitude. Et de cette pensée naquit une Résurrection du Sauveur.

Au milieu de ses grandes œuvres, Rubens fit une sainte chose ; car il trouvait du temps pour le cœur comme pour l'esprit. Ce n'était pas assez chez cet homme unique d'être grand comme les plus grands, il était encore généreux comme les plus riches et bon comme les plus saints. Jean Breughel de Velouis, son ami, mourut alors : Rubens paya à sa mémoire la dette de l'artiste, tout en s'imposant pour ses orphelins le devoir d'un père. Il éleva un tombeau au peintre et ouvrit sa maison à sa fille. Et comme une bonne action était chose toute naturelle pour lui, il continua à vivre comme auparavant, avec deux enfants de plus.

Il peignit encore une sainte Thérèse intercédant pour les âmes du purgatoire, et sainte Anne apprenant à lire à la Vierge ; puis sa nature vigoureuse commença à prendre le dessus, et il se mit à peindre des choses qui, toutes saintes qu'elles étaient, demandaient des tons plus chauds et des formes plus vigoureuses, et il exécuta une Flagellation empreinte à la fois de la douleur de l'homme qui souffre, de la résignation du saint qui prie et de la fureur des bourreaux qui frappent. Enfin, comme depuis son séjour à Rome il avait souvent rêvé du Jugement dernier de Michel-Ange, il réalisa un jour le rêve qu'il avait fait, et exécuta un Christ la foudre en main, menaçant l'univers. Mais dans cette composition, la Vierge ne tremble pas comme dans celle de Buonarotti ; au contraire, elle prie pour les autres. Ici donc la pensée est encore plus sainte que dans l'œuvre du grand vieillard.

Au milieu de ses travaux de peinture, Rubens bâtit une église. Les jésuites d'Anvers avaient acquis une grande quantité de marbres noirs, blancs et jaspés, pris par les Espagnols sur un corsaire algérien, et ils voulurent faire une église de ces matériaux destinés à faire une mosquée. Ce fut au peintre qu'on s'adressa pour les plans de l'édifice, car on le savait universel, et Rubens fournit ce qu'on lui avait demandé ; puis il peignit trente-six plafonds, quand tout fut terminé. Mais, en 1718, le tonnerre détruisit toute l'église, à l'exception du chœur.

Avec tous ces travaux, Rubens suivait encore ceux de sa maison, qui commençait à prendre le caractère que le peintre voulait lui donner. Ainsi, toutes les merveilles d'art qu'il avait rapportées de ses voyages commençaient à peupler le sanctuaire du dieu. C'étaient de douces madones de Raphaël, c'étaient de belles courtisanes de l'Albane, du Titien, de gracieuses compositions, des Christs, des Vierges, des saints, des martyrs. Puis, à côté du ciel, l'Olympe : alors c'étaient des statues antiques, des bronzes divins, des marbres puissants ; tout avait sa place, depuis Phidias jusqu'à Cellini ; et auprès des blocs imposants des vieux statuaires, se trouvaient les merveilleux joyaux du ciseleur : des coupes ravissantes, soutenues de chimères et d'animaux impossibles, des poignards ciselés comme par une fée ; puis, au milieu de tout cela, quelque prodigieuse esquisse du divin Michel-Ange, quelque sombre toile de Murillo, et enfin les cadeaux des cours où il avait été : des chaînes, des armes, des épées, des armures.

Pour terminer les autres parties de cette maison, on creusait au fond du jardin de Rubens ; et, comme les plans du maître étaient très-vastes, il se trouva que les ouvriers creusèrent sur le terrain voisin, qui appartenait à la confrérie de l'Arquebuse. Ce furent d'abord des plaintes de la part des arquebusiers ; puis des menaces. Rubens avait offert de l'argent, ils avaient refusé. Ils voulaient qu'on comblât les fouilles déjà faites, sans quoi ils parlaient de procès. Rubens, qui ne voulait pas changer ses dimensions, les laissa se plaindre d'abord et plaider ensuite.

Le procès allait donc se faire et il était évident que le peintre allait le perdre ; mais que lui importait ! les ouvriers travaillaient toujours, et il trouverait bien moyen de forcer les arquebusiers à prendre de l'argent en échange des quelques pieds de terre qu'il leur avait pris.

Ces bons plaignants s'inquiétaient fort peu, de leur côté, que Rubens eût établi ses plans, et qu'il fût, à cette heure, trop occupé d'autre chose pour s'occuper de leur plainte : ils ne voyaient là-dedans qu'une violation des possessions d'autrui ; donc Rubens avait tort, donc ils étaient dans leur droit, donc le procès était fort légitime. Tous raisonnements qui, aux yeux des juges, ne manqueraient pas d'une certaine vérité.

Rubens attendait donc l'issue de cette aventure, quand un soir un de ses amis nommé Roethax, chef de la confrérie des Arquebusiers, vint le trouver.

« Eh bien, quelles nouvelles? mon cher ambassadeur, lui dit le peintre, car je pense que c'est à ce titre que vous venez; vos confrères commencent-ils à entendre raison, et consentent-ils à reculer leur mur ?

— Non pas, fit Roethax, moins que jamais.

— Alors ils vont plaider ?

— Sérieusement.

— Eh bien, qu'ils plaident et qu'ils me laissent tranquille.

— Mais vous perdrez votre procès, maître, reprit Roethax.

— Vous croyez?...

— J'en suis sûr.

— Et pourquoi donc ?

— Ils ont tous les droits de leur côté.

— La belle raison ! d'ailleurs, je ne demande pas

à gagner, je veux seulement pouvoir bâtir ma maison sur mes plans.

— Mais puisque vous envahissez ?

— Mais puisque je paye mon envahissement ?

— Il y avait moyen, ajouta Roethax, de vous faire entendre raison, on pourrait peut-être en essayer...

— Je ne demande que cela. Parlez !...

— Ils ne veulent pas d'argent, c'est vrai ; mais ils seraient enchantés, j'en suis sûr, d'avoir un tableau de vous.

— Vraiment ? ..

— Oui ! ils voudraient, je pense, avoir un saint Christophe pour leur chapelle de la cathédrale. Voudriez-vous le leur faire ?

— Pourquoi pas ? mon pinceau, c'est ma bourse. Que je paye en argent ou en peinture, c'est toujours la même chose.

— Eh bien, c'est convenu. Le tableau aura cette grandeur, » dit Roethax ; et il montra à Rubens de quelle dimension devait être la toile.

« Vous savez que je travaille à la toise, reprit le peintre ; c'est même le reproche que me font ceux qui n'en ont pas d'autres à me faire. Soyez donc tranquille, votre saint Christophe sera tel que vous le voulez.

— Ainsi je puis annoncer le tableau ?

— Et moi, continuer mon mur.

— Bien entendu! »

La chose convenue fut faite. Rubens envoya aux arquebusiers une Descente de croix qui n'était pas seulement un chef-d'œuvre du peintre, mais un miracle de peinture.

Ils la refusèrent. Ils voulaient un saint Christophe.

En vain Rubens leur expliqua que Christophe veut dire porte-Christ, et que, par conséquent, une Descente de croix était juste leur affaire, il fut forcé de peindre sur les volets un saint Christophe colossal.

Voilà l'origine de ce tableau magnifique.

Nous sommes arrivés en 1620. La réputation de notre peintre est immense. La France, curieuse de toute gloire, voulait commander quelque chose de vaste à cet homme dont la renommée était répandue dans toute l'Europe, et Marie de Médicis, voulant lui confier l'embellissement du palais du Luxembourg, le fit demander à Paris.

Il s'était passé bien des choses depuis dix ans en France, c'est-à-dire depuis l'avénement de Louis XIII.

Quand tout le monde eut jeté de l'eau bénite sur le roi mort, quand le fossoyeur eut reposé la pierre sur le cadavre royal, chacun, oubliant cette royauté de la veille, s'était retourné vers celle du lendemain. La reine Marie était véritablement le roi de France, et Louis XIII n'était qu'un enfant ; mais l'enfant grandit. Ceux que n'avait pas écouté la reine vinrent alors lui dire qu'il était un homme, qu'il était temps de régner ; et, lui désignant Concini, favori de la reine, devenu maréchal d'Ancre, comme un homme dangereux, lui conseillèrent de s'émanciper par un crime.

Alors il y eut conseil dans la chambre du roi. Deux moyens avaient été proposés contre le maréchal : l'un de le faire arrêter, l'autre de s'en défaire. Le roi Louis XIII choisit le dernier. A ce conseil assistaient un domestique de la reine nommé Marcillac, un nommé Tronçon, qui avait vendu ses sœurs, un aventurier du nom de Le Travail, et un jardinier des Tuileries : sénat imposant et honorable pour condamner un homme et conseiller un roi.

Mais il fallait une autre main que celle de ces hommes pour cet assassinat ; il la fallait plus noble, il la fallait moins lâche surtout.

Le baron de Vitry entra en quartier comme capitaine des gardes, au mois d'avril. L'homme était choisi, restait l'occasion à trouver.

Elle ne se fit pas attendre ; quatre jours après, le maréchal fut mandé au Louvre. A peine était-il entré, qu'un homme referma la porte sur lui. Trois coups de pistolet partirent, la victime tomba sur les genoux, et le baron de Vitry l'acheva d'un coup de pied. Quand tout fut fini, le roi parut à la fenêtre derrière laquelle il avait tout vu, et cria :

« Grand merci, mes amis, maintenant je suis roi ! »

Quant à la reine, elle avait compris sa disgrâce, et elle s'était renfermée sans voir son fils.

Et cependant, en 1620, elle avait repris son influence sur l'esprit du roi, qui n'avait pas vingt ans, et elle appelait Rubens à Paris pour embellir le Luxembourg, où elle comptait résider.

Elle ne se doutait pas que vingt-trois ans plus tard, elle irait mourir à Cologne, dans la maison où était né le peintre.

Ce fut le baron de Vicq, ambassadeur de l'archiduc Albert à la cour de France, qui fut chargé de la commission royale. Rien ne pouvait faire plus de plaisir à Rubens que cette invitation de Marie de Médicis. Ainsi il acheva en hâte ce qu'il faisait, et accourut à Paris.

Ce fut le baron de Vicq qui fut chargé de la présentation du peintre à la cour, puisque c'était lui qui avait transmis à Rubens les désirs de la reine.

La première visite du nouvel arrivé fut donc pour le baron, qui lui donna tous les renseignements possibles sur les personnages auxquels il allait être présenté.

« La reine, lui dit-il, est encore toute au bonheur de sa réconciliation avec son fils ; elle croit avoir repris son empire d'autrefois sur l'esprit du roi, et elle s'est créé un allié qui, si j'en crois ce que j'ai vu, deviendra un jour son maître. Elle n'a rien à craindre de l'influence de la nouvelle reine Anne d'Autriche, à moins que le cardinal de Richelieu, le protégé de Marie, n'ait, comme je le pense, l'ambition d'être l'amant de deux reines à la fois ; alors il pourrait nuire à sa première maîtresse, à l'aide de la seconde. Maintenant c'est encore Marie de Médicis la véritable reine de France. Si vous étiez un courtisan, au lieu d'être un artiste, je vous en dirais plus encore ; mais vous n'avez ici personne à flatter, puisque vous apportez plus qu'on ne vous donnera. Quant au roi, auquel vous serez présenté, parlez-lui de chasse ; à Marie de Médicis parlez de Richelieu, et oubliez Henri IV, Concini et Bassompierre ; quant au cardinal, parlez-lui de tout si toutefois vous le voyez. »

Rubens se rendit donc au Louvre, où il fut reçu de la reine.

Marie de Médicis avait à cette époque quarante-huit ans. Sa figure conservait encore les traces de sa grande beauté d'autrefois; elle était vêtue de noir, deuil qui pouvait s'appliquer aussi bien au maréchal d'Ancre qu'à Henri IV; et au moment où Rubens lui fut présenté, malgré son costume sévère, elle paraissait joyeuse.

Quand le peintre parut à la porte de la salle où se trouvait la reine, elle se leva et marcha vers lui.

« Ce nous est un grand bonheur, dit-elle, que la visite d'un pareil hôte à la cour de France, maître; mais je ne voulais pas qu'on pût dire qu'il y a eu une reine appelée Marie de Médicis et un peintre nommé Rubens, et que, vivant dans le même temps, ils ne se sont jamais rencontrés dans le même chemin; c'est un héritage que je tiens de ma famille que l'amour des arts et des artistes, et je veux faire autant pour vous que mes ancêtres ont fait pour vos prédécesseurs.

— Je suis aux ordres de Votre Majesté, dit Rubens en saluant de nouveau; qu'elle commande, j'obéirai.

— Eh bien, maître, dit la reine se rasseyant, nous avons à vous commander quelque chose de magnifique; il faut que nos descendants soient jaloux de mon règne par celui qui l'aura chanté, comme Alexandre le fut d'Achille ; et c'est toute une Iliade que je veux.

— Que Votre Majesté me pardonne, fit Rubens, mais je suis loin d'être un Homère.

— Que vous savez bien, maître, répliqua la reine en souriant, que cette suprême modestie des grands hommes n'est à tout prendre qu'une grande vanité, et que vous vous abaissez toujours pour qu'on vous élève ! N'importe, il nous faut vingt-quatre chants splendides, vingt-quatre toiles magnifiques, comme celles que vous avez déjà faites ; puis, après ce premier poëme, comme nous connaissons vos forces, maître, nous vous en demanderons un second. Ainsi, vous pouvez vous mettre à l'œuvre quand vous voudrez ; établissez votre atelier dans un palais, puisez dans notre caisse royale, et ne partez que quand vous aurez fini.

— Je remercie Votre Majesté, répliqua Rubens, de tant de bontés et de tant de faveurs ; mais je lui demanderai à retourner à Anvers pour accomplir ses volontés. Si hospitalière que me soit la France, si généreuse que soit Votre Majesté, je l'avoue, je ne puis travailler loin de ma patrie. Là sont toutes mes habitudes d'art et de cœur, et, vous le savez, madame, l'esprit ne travaille pas toujours ; de temps en temps, il se repose sur l'âme. Je demanderai donc de nouveau à Votre Majesté de me permettre, quand j'aurai arrêté mes plans, quand elle m'aura expliqué toutes ses volontés, de retourner à Anvers.

— Qu'il soit fait selon votre désir! retournez dans votre patrie; mais, avant de quitter Paris, il faut que vous soyez présenté au roi, et c'est moi-même qui me charge de ce soin. Oh! c'est encore un enfant, maître, tout occupé de ses plaisirs, mais ami de ce qui est grand, protecteur de ce qui est noble, enthousiaste de ce qui est beau. Vous serez donc le bienvenu auprès de lui. Si vous voulez, nous allons le surprendre au milieu de son occupation favorite. Vous ne vous doutez vraiment pas de ce que fait maintenant le roi de France. Pauvre enfant! je lui épargne, autant que possible, les ennuis du gouvernement; je le laisse aux plaisirs de la cour, et je supporte presque seule le poids de la couronne.

— C'est une belle mission que Votre Majesté accomplit saintement, ajouta Rubens, et la France en est déjà reconnaissante, en attendant que Dieu la récompense.

— Oh! vous êtes heureux, vous autres artistes; une fois que vous avez fait connaître votre royauté, vous marchez joyeux dans votre royaume. Chaque pas que vous faites, chaque œuvre que vous donnez, on s'incline et l'on admire. Vous avez la royauté incontestable, celle du génie, et c'est tout un peuple intelligent qui vous juge ; tandis que les rois, ou ceux à qui Dieu confie la garde des rois, ont des jours sans joie et quelquefois des nuits sans sommeil. A chaque instant les murmures de la foule arrivent jusqu'au trône, si haut qu'il soit placé, car c'est tout un monde envieux qui nous regarde. Oh! croyez-moi, maître, vous avez l'empire le plus beau, la couronne la plus pure, le trône le plus radieux qu'on puisse avoir. Mais suivez-moi, ajouta la reine, car je finirais par parler politique comme avec Richelieu. »

Et Marie de Médicis se leva pour servir d'introducteur au peintre; car à cette époque l'étiquette était peu de chose chez la reine mère qui, descendante des Médicis, avait toujours, comme ses ancêtres, laissé venir à elle tous ceux qui voulaient. Ce fut dans l'origine de la puissance des Médicis, une politique qui depuis devint une habitude. On ne s'étonnera donc pas de cette espèce de présentation bourgeoise du peintre.

Cependant, si c'eût été auprès d'Anne d'Autriche, la nouvelle reine, que Rubens eût dû être introduit, les formalités eussent été plus grandes. Elle, au contraire de Marie, avait conservé l'étiquette de la cour espagnole dans ce qu'elle a de plus exigeant ; étiquette qui fut un jour tellement exagérée, que Philippe III en mourut. Mais à ce moment, pendant que la reine mère recevait Rubens, Anne d'Autriche était sans doute seule dans le fond de ses appartements, triste et oubliée, comme elle le fut presque toujours.

Nous passerons donc à côté de la porte derrière laquelle se trouve cette souffrance couronnée, et nous suivrons la reine et le peintre, qui ont quitté la salle où ils se trouvaient.

Ils traversèrent quelques appartements, puis enfin arrivèrent à une petite porte, et, dès que Marie de Médicis la vit, elle ralentit le pas et s'avança doucement pour ne pas être entendue. Alors, sans faire de bruit, elle souleva une tapisserie, et Rubens, qui venait derrière elle, put voir ce qui se passait dans cette chambre.

Le roi, penché sur un établi, au milieu d'outils, de tenailles, de maillets, environné de toutes les choses nécessaires à un menuisier, tournait et retournait entre ses mains royales une petite arquebuse qu'il venait de terminer.

« Comment se porte aujourd'hui mon fils bien-aimé ? » dit la reine.

Le roi leva la tête à cette voix bien connue, et répondit :

« Bien, ma mère, très-bien. »

La question avait été faite d'un ton affectueux et faux : la réponse fut faite froidement. C'étaient bien là la mère et le fils, qui, séparés pendant deux ans, se dirent à leur première entrevue de réconciliation :

« Vous avez bien grandi, mon fils !

— Pour vous servir, ma mère. »

Marie de Médicis s'approcha du roi et continua :

« J'ai voulu vous présenter moi-même, mon fils, un grand artiste qui est venu, selon notre désir, à Paris : Rubens.

— Soyez le bienvenu à la cour de France, maître, dit Louis XIII, qui regardait de temps en temps son arquebuse ; soyez le bienvenu. Nous vous connaissons depuis longtemps, et nous vous aimons déjà comme vous eût aimé mon père.

— Je remercie Dieu, sire, dit Rubens en s'inclinant, d'avoir permis qu'au milieu de tant de graves affaires, mon nom soit arrivé jusqu'à Votre Majesté. Mon plus vif désir, mon vœu le plus ardent a toujours été de consacrer un peu de ma vie et de mon art à la gloire de ce pays privilégié dont vous êtes roi, et je remercie Votre Majesté d'avoir accompli ce vœu.

— Et vous ne quitterez pas notre royaume sans en emporter un souvenir du roi. Ces choses étant, doivent vous convenir, maître ; nous vous laisserons donc choisir dans notre Paris quelque œuvre digne de vous et de moi, que vous puissiez garder toujours. »

Alors Rubens, tout en s'inclinant, jeta un regard d'envie sur l'arme que tenait le roi. Celui-ci s'en aperçut.

« Ah ! vous regardez ceci, dit-il en souriant, et vous vous étonnez !

— Et je me dis, sire, que si j'avais rendu quelque grand service à Votre Majesté, et qu'elle m'offrît de le reconnaître, je lui demanderais comme suprême faveur de laisser entre mes mains le bijou merveilleux qu'elle tient dans les siennes. »

Rubens avait touché juste. A partir de ce moment, il était l'ami de Louis XIII. Aussi le roi s'approcha-t-il de lui, en disant :

« Ah ! vous êtes un flatteur, maître ! Eh bien, voici pour votre flatterie. » Et il tendit au peintre l'arme enviée.

Rubens baisa la main royale et prit l'arquebuse qui était, il faut le dire, admirablement faite.

« Eh bien, maître, fit Louis en prenant le peintre par le bras, allons nous ennuyer ensemble. Adieu, ma mère, continua-t-il en se tournant à peine vers Marie de Médicis ; nous allons chasser. »

Or, quand Louis XIII disait à quelqu'un : « Allons nous ennuyer ensemble, » il fallait que celui-là fût un favori de premier ordre. Alors le roi allait effectivement s'ennuyer avec celui qu'il avait choisi : il le menait dans une embrasure de fenêtre, s'appuyait contre le mur, et ne lui disait absolument rien. Au bout de quelque temps, on comprend comme ce silence devenait ennuyeux. Le courtisan n'osait parler. Le roi bâillait, le courtisan bâillait aussi, et la partie de plaisir était faite.

A quoi pouvait penser le roi de France pendant ces heures d'ennui ? A sa mère, à Richelieu ou à ses pies-grièches ?

Toujours est-il que cette fois il ne traita pas Rubens comme un courtisan. Le fond du caractère de Louis XIII était la mélancolie. L'arrivée du peintre à la cour pouvait le distraire un instant, il en profita.

Il fit descendre le peintre après avoir traversé les salles voisines, et au bout de quelques instants il arriva à un coin de la cour du Louvre, où se trouvait sa fauconnerie. Le vieux fauconnier, qui était le seul ami que voulût avoir le roi étant enfant, était là. Louis XIII fit entrer Rubens et lui montra ses gerfauts, ses faucons, ses émérillons, ses pies-grièches, les appela par leur nom, leur tendit le doigt, et finit par prendre deux de ces dernières.

« Êtes-vous chasseur, maître? fit le roi.

— Oui, sire, répliqua Rubens.

— Et vous avez de belles chasses en Flandre?

— Magnifiques, sire; et c'est véritablement ma grande distraction.

— Moi, maître, c'est mon seul bonheur. Aussi, quand je ne puis pas faire de grandes chasses, j'en fais de petites, et vous allez en faire une avec moi, comme vous n'en avez sans doute jamais faite. »

Ce disant, le roi sortit de la fauconnerie, et donna à Rubens une pie-grièche.

Le jardin des Tuileries n'était pas, à cette époque, ce qu'il est maintenant; ce n'est que sous le règne suivant que les arbres furent coupés et alignés, avec défense de pousser comme ils l'avaient fait jusqu'alors. C'était donc une espèce de bois touffu, aux allées sombres et mystérieuses si propres à la rêverie, et où allait rêver souvent le roi. Les deux chasseurs s'acheminèrent vers l'endroit où Louis XIII voulait chasser, et, quand ils y arrivèrent, ils entendirent un ramage charmant dans cette Babel de petits oiseaux confondant leurs langues, dont chacune était une chanson, et jetant joyeux leur hymne dans le palais de verdure que Dieu a fait pour eux à côté du palais de pierre que les hommes ont fait pour les rois.

Rubens marchait auprès de cet enfant royal, qui venait de quitter un atelier de menuiserie pour venir chasser des moineaux, en se demandant si ce front de dix-neuf ans serait un jour assez large pour la couronne léguée par Henri IV.

« J'aurais voulu voir Luynes, disait le roi, mon vieux connétable ; il serait venu chasser avec nous. Vous disiez donc, maître, que vous avez de belles chasses en Flandre ?

— Très-belles, sire ; des marais immenses remplis de gibier, des plaines magnifiques, des bois superbes. Oh ! la Flandre est un beau pays, sire, du moins pour moi qui l'aime de tout l'amour de la patrie.

— Et moi, voilà mes chasses ! » reprit le roi avec un soupir.

Et Louis XIII marchait auprès du peintre, oubliant sa pie-grièche, et s'ennuyant avec lui.

Alors, du milieu de ce concert, se détacha, comme une note ailée, un petit oiseau, qui passa au-dessus de la tête du roi. Louis XIII fit partir sa pie-grièche, qui se mit à la poursuite de la pauvre victime, et, quelques instants après, l'oiseau tomba à terre.

« C'est triste, n'est-ce pas, maître ? dit le royal chasseur au peintre, et ce n'est vraiment pas là un plaisir de roi, continua-t-il en ramassant l'oiseau mort et en reprenant sa pie ; mais que voulez-vous ? on prend son plaisir où l'on peut ! C'est une bête bien dressée que Coquette, voyez, maître : il n'y a pas trace de coup sur l'oiseau et cependant il est bien mort. C'est une science que les hommes ont prise aux faucons, sans doute, de pouvoir tuer sans qu'il reste de trace, et il y a des hommes bien habiles dans cette science. »

Puis, comme si cette dernière réflexion lui eût rappelé de tristes souvenirs, le roi se tut et courba la tête.

Quant à Rubens, qui n'avait rien de sombre dans son passé et qui n'entrevoyait rien de funeste dans son avenir, il écoutait toute cette nature bourdonnante, plus éloquente mille fois que toutes nos paroles et notre poésie, et il suivait silencieux ce roi si jeune et déjà si triste.

Pendant quelque temps encore ils errèrent tous les deux ; puis Louis XIII revint vers le Louvre et le peintre prit congé du roi, qui rentra remettre silencieusement l'oiseau chasseur au perchoir, et qui remonta ensuite, lentement et le front baissé, les marches du palais.

Le lendemain, la reine mère fit appeler Rubens au Luxembourg, où elle lui donna elle-même toutes les explications pour ses tableaux. Le peintre comprit tout de suite que c'était un panégyrique de Marie de Médicis à faire ; et, comme une fois ces intentions comprises, il n'avait plus rien à faire à Paris, il repartit pour Anvers.

Arrivé dans sa ville, Rubens avait déjà conçu son œuvre, car tout était rapide chez cet homme, et, de retour à son atelier, il n'eut plus qu'à exécuter. Alors ce dut être une chose merveilleuse à voir que ce poëme immense grandissant chaque jour, que tous ces personnages naissant à la voix de Rubens, que toute cette foule tombant du pinceau du peintre. Vingt-quatre grandes toiles entrèrent nues dans l'atelier, et, au bout de vingt mois, la vie les animait ; tout un peuple de rois, de cardinaux, de reines, tout un monde de dieux, de sirènes, venait de naître dans cet espace si court, et il semblait que le peintre n'eût qu'à jeter, comme Deucalion, des pierres derrière lui pour en faire des hommes.

Quant à nous, nous avouons notre prédilection pour ce peintre géant, comme pour tout génie vaste et fécond ; et la première fois que nous avons vu cette composition colossale, nous nous sommes arrêté ébloui et muet. C'est que cela surpasse toute pensée, toute imagination, que le pinceau d'un homme soit arrivé à un pareil prodige ; c'est que devant cette série de chefs-d'œuvre, on se sent muet, comme devant toute immensité, de peur de troubler la poésie éternelle qui en émane.

Et comme on voit, au milieu de tous ces rois, de tous ces ducs, que le génie du peintre est à l'aise! comme il assigne bien à chacun la place qu'il mérite! comme il donne à chacun une vie différente! comme la figure de Marie de Médicis, que traverse tout le poëme, est grande et imposante : tantôt douloureuse, tantôt rayonnante, toujours belle; et tout cela est l'œuvre de vingt mois! c'est-à-dire à peine le temps qu'il faudrait à un autre pour exécuter une toile ou concevoir une pensée. C'est surhumain! Que ceux qui ont vu se rappellent, que ceux qui n'ont pas vu aillent voir, il n'y a pas de pèlerinage au monde qui vaille celui-là.

Nous ne pouvons qu'être rapide comme le fut Rubens, nous ne pouvons rien dire de plus que ce que nous avons dit; encore n'est-ce pas une louange, mais une dévotion : nous ne prétendons pas exalter l'homme, nous nous inclinons seulement devant le dieu.

Maintenant voici le sujet de ces vingt-quatre tableaux :

La Destinée de Marie de Médicis, ou les trois Parques échelonnées l'une sur l'autre, se passent avec précaution le fil qu'elles craignent de rompre;

La Naissance de la Reine, à Florence, en 1573 ;

Henri IV reçoit le portrait de Marie de Médicis ;

Le grand-duc épouse, par procuration, la princesse sa nièce, au nom du roi ;

Débarquement de la reine à Marseille, protégé par toutes les divinités de la mer ;

Mariage de Henri IV et de Marie de Médicis ;

Naissance de Louis XIII, à Fontainebleau, l'un des plus beaux tableaux de cette collection, empreint de la douleur de la femme et de la joie de la mère, avec une vérité admirable ;

Henri IV confie la régence à Marie de Médicis ;

Couronnement de Marie de Médicis, tableau qui est un des chefs-d'œuvre de Rubens et qui serait le chef-d'œuvre d'un autre peintre ;

Apothéose de Henri IV et régence de Marie : ici, rien n'est beau comme la douleur violente de la Victoire et de Bellone, et la douleur sombre et intérieure de la reine ;

Gouvernement de Marie de Médicis ;

Voyage de la reine au pont de Cé ;

Échange de la princesse Isabelle de Bourbon qui doit épouser Philippe IV, et d'Anne d'Autriche destinée à Louis XIII ;

Félicité de la régente ;

Majorité du roi ;

La reine s'enfuit du château de Blois, où elle avait été reléguée par son fils ;

Réconciliation de la reine mère et du roi ;

Conclusion de la paix ;

Entrevue de Marie de Médicis et de Louis XIII ;

Le Temps fait triompher la Vérité.

Une fois les vingt-quatre toiles terminées, Rubens revint à Paris.

Quand la reine vit les merveilles que lui rapportait le peintre, elle fut éblouie ; elle venait au Luxembourg pendant qu'il plaçait les tableaux, et en voyant cette première série, elle rappela au peintre qu'elle lui en devait demander une seconde. Cette fois, c'était la vie de Henri IV qu'elle voulait avoir. A peine Marie de Médicis eut-elle témoigné ce désir, que Rubens commença les esquisses.

Laissons un instant le peintre seul avec sa pensée, et voyons le personnage nouveau qui venait d'arriver à la cour, et qui l'éblouissait ; il n'était question que de lui, car il était apparu tout à coup à la cour de France, assez pauvre à cette époque, au milieu d'une pluie d'or, comme Jupiter à Danaé, et tout le monde en était encore émerveillé.

C'était le gentilhomme le plus élégant, le plus beau et le plus fou des trois royaumes, adoré de toutes les femmes, redouté de tous les maris, envié de tous les hommes; c'était Buckingham, enfin, qui venait d'arriver à Paris.

Milord Rich était venu l'année précédente en France, et de retour à Londres il avait dit à Buckingham que ce qu'il avait vu le plus beau à la cour était la reine Anne d'Autriche. Buckingham, comme nous le savons, était le gentilhomme le plus fou qu'il y eût au monde. Il vint donc à Paris pour être le rival de Louis XIII, qui en avait déjà un dans Richelieu.

Un but politique couvrait naturellement le but amoureux du favori du roi Charles Ier, et c'était Henriette de France que Buckingham venait chercher pour son souverain.

L'ambassadeur fut reçu du roi et de la reine dans la salle du Trône, et en s'inclinant pour remettre ses lettres de créance, un fil de son manteau se rompit, et trois cent mille francs de perles roulèrent dans la salle. Les courtisans, sans en rougir le moins du monde, ramassèrent cette aumône, et ce fut ainsi que Buckingham paya le premier regard d'Anne d'Autriche.

A quelques jours de là, la duchesse de Chevreuse donna un bal à l'instigation du nouvel arrivé, qui, pour la remercier, lui fit don d'un nœud de diamants de cent mille livres.

Alors il résolut pendant cette fête de ne pas quitter un instant la reine, qui devait y venir.

Quand la reine fut descendue de voiture, elle s'appuya sur le bras de la duchesse et fit une promenade dans les parterres. Un jardinier vint lui présenter un bouquet, et au moment où elle le prenait, sa main toucha celle de celui qui lui offrait ces fleurs, lequel murmura tout bas quelques mots et disparut. Le bruit se répandit que c'était Buckingham, et l'on se mit en quête de le trouver; mais ce fut en vain. Pendant ce temps, la reine se faisait dire la bonne aventure par un magicien, qui tenait sa belle main avec émotion, et lui disait des choses si imprévues qu'elle était fort troublée. Il paraît même que ce trouble augmenta au point qu'elle perdit contenance, en reconnaissant dans la voix du magicien celle du jardinier.

Le duc excellait dans l'art de la danse, qui, à cette époque, n'était dédaignée de personne. Il figura donc dans un ballet avec une telle grâce, que le roi et la reine applaudirent, et l'élégant danseur disparut comme avaient disparu le jardinier et le magicien, pour changer sans doute encore une fois de rôle et de costume.

A la danse succéda un divertissement qui n'était autre chose qu'une flatterie. Une mascarade eut lieu, dans laquelle tous les potentats de la terre, figurés par les seigneurs de la cour, se réunissaient pour venir adorer le trône du roi de France. Les rois orientaux devaient être représentés par des princes des maisons souveraines de France, et le roi avait désigné MM. de Lorraine, de Rohan, de Bouillon, de Chabot et de La Trémouille. Le jeune chevalier de Guise était frère cadet de M. de Chevreuse, et, la veille du divertissement, Buckingham alla lui faire visite.

Au moment où l'illustre ambassadeur fut introduit chez le chevalier, celui-ci se creusait la tête pour savoir comment il paraîtrait avec magnificence au divertissement du lendemain. Il était fort gêné et il était au bout de ses ressources comme de son argent. La visite de Buckingham lui parut une bonne fortune, et en effet le duc venait se mettre à sa disposition pour trois mille pistoles, et lui offrait en outre de lui prêter les diamants de la couronne d'Angleterre que Jacques VI avait laissé emporter à son représentant.

Depuis son arrivée à Paris, Buckingham avait prêté aux plus riches et aux plus fiers.

Il était cependant clair pour le chevalier que le noble ambassadeur ne venait pas lui faire une pareille proposition sans avoir de son côté quelque chose à lui demander en échange; aussi s'offrit-il à son tour de faire tout ce qu'il pourrait pour reconnaître un si grand service.

« Eh bien, lui dit Buckingham, allant droit au but, prêtez-moi votre place une partie de la soirée de demain. Tant que le Grand Mogol, que vous représenterez, sera masqué, ce sera moi; quand il se démasquera, ce sera vous. Vous souperez, je danserai. Nous ferons un seul personnage à nous deux. Acceptez-vous? »

La chose était trop facile à faire pour que le chevalier la refusât. Les deux seigneurs se quittèrent donc fort satisfaits l'un de l'autre.

Le lendemain tout se passa comme il avait été convenu. Jusqu'à l'heure du souper, comme tout le monde avait un masque, le Grand Mogol fut Buckingham, et le porte-sabre, le chevalier. Mais, au moment de se mettre à table, il fallait se démasquer, et alors les rôles changèrent, l'esclave devint le maître; puis, après le souper, chacun remit son masque, et Buckingham reprit son premier costume, si bien que le chevalier de Guise reçut force compliments qui ne s'adressaient pas à lui.

A quatre heures, Leurs Majestés se retirèrent, et au moment où la reine allait monter en voiture, un laquais, aux armes de la connétablie, mit un genou en terre, et, au lieu de baisser le marchepied, tendit sa main. Ce laquais serra le pied comme le jardinier avait pressé la main, et la reine reconnut encore Buckingham. Si préparée qu'elle fût à tous ces déguisements, elle n'en poussa pas moins un cri auquel on accourut ; mais la reine était déjà au fond de son carrosse et le laquais n'était plus là.

Quelques jours après ce que nous venons de raconter, le duc de Buckingham vint visiter la galerie où étaient les tableaux de Rubens. Il y trouva le peintre, auquel il fit nombre de compliments ; puis des éloges, le duc passa à la familiarité, et tous deux se promenèrent longtemps dans la galerie. Nul ne sait ce qu'ils se dirent, seulement on s'aperçut, quelque temps après, que le duc avait, dans son cabinet de l'ambassade, un portrait admirable d'Anne d'Autriche, et quelques-uns de ceux qui l'ont vu prétendent qu'il était du même pinceau que celui de la reine mère.

Cela n'est peut-être pas, mais cela peut être.

Toujours est-il qu'à compter de ce jour, une grande amitié s'établit entre le duc et le peintre. C'étaient, du reste, deux hommes qui pouvaient parfaitement se comprendre ; et Rubens, grand seigneur comme il l'était, admirait les folies que faisait Buckingham autant que celui-ci admirait les tableaux du peintre.

A cette époque, le bruit courait qu'il revenait au

Louvre un fantôme du sexe féminin, qu'on appelait la Dame blanche.

Un jour donc, ce fantôme, revêtu d'habits d'une coupe bizarre, de couleur blanche, parsemés de larmes noires et ornés de deux têtes de mort, placées l'une sur la poitrine, l'autre sur le dos, parvint jusqu'à l'appartement d'Anne d'Autriche.

Arrivé là, il ôta son grand chapeau à larges bords et son manteau, il se jeta aux genoux de la reine, devant Mme de Chevreuse, qui n'ayant peur ni des vivants ni des morts, avait montré le chemin au fantôme.

La reine et le duc passèrent dans un oratoire et laissèrent la porte entr'ouverte. Mme de Chevreuse, qui craignait plus pour les autres que pour elle-même, la referma.

En ce moment le roi sortait avec Baraddas, qu'il ne quittait pas pour aller chasser la pie-grièche, comme il avait fait avec Rubens. Ce qui fit croire au valet Bertin qu'il venait chez la reine. Aussitôt il donna l'alerte, et la Dame blanche s'enfuit si précipitamment qu'elle laissa son chapeau et fut vue de quelques gens, lesquels furent tellement effrayés qu'ils se sauvèrent : ce dont profita le duc pour se sauver de son côté.

Sur ces entrefaites, Jacques VI mourut, et Charles Ier monta sur le trône.

Buckingham reçut avec cette nouvelle l'ordre de presser le mariage. Richelieu, qui savait tout ce qui se passait, avait à cœur d'éloigner le duc de Paris ; aussi, écrivit-il au pape que s'il n'envoyait pas la dispense, le mariage se ferait sans elle, tant il était pressé de se débarrasser de ce nouveau rival.

La dispense arriva, et la jeune reine partit avec son époux provisoire pour Amiens.

Quelque temps avant son départ, Buckingham avait vu Rubens, qui devait se trouver mêlé encore à la politique.

« Je sais, maître, lui dit le duc, que vous jouissez d'une grande confiance auprès de l'archiduc ; je sais, en outre, qu'on peut vous confier une mission aussi bien qu'un tableau, et je vous charge de dire à l'archiduchesse que j'ai témoigné le désir de voir cesser la mésintelligence qui règne depuis trop longtemps entre les couronnes d'Espagne et d'Angleterre.

— Ce sera chose faite, milord, répondit Rubens ; mais avant d'accomplir cette mission auprès de l'archiduc, permettez-moi de vous donner un conseil.

— Et lequel ?

— Celui de partir le plus tôt possible.

— Et pourquoi, maître ?

— Milord, Paris n'est pas sûr pour vous.

— Je suis inviolable, comme ambassadeur, fit le duc en souriant.

— Oui, milord, mais vous ne l'êtes pas comme homme. Milord-duc de Buckingham, ambassadeur de Charles Ier, n'a rien à craindre, c'est vrai ; mais milord-duc de Buckingham, rival de Richelieu, a tout à redouter. A défaut de la vengeance publique, il y a la haine particulière, et il se trouve, le soir, assez de gens dans les rues de Paris, qui, sous prétexte qu'ils ont pris pour un voleur un homme qui n'était qu'un amoureux, pourraient se défaire de Votre Grâce, ce dont votre souverain lui-même ne pourrait accuser que votre mauvaise étoile. Croyez-moi donc, milord, hâtez le mariage et hâtez votre départ ; car peut-être ce que je crains pour vous serait fait depuis longtemps, si les gens du Louvre n'avaient pas eu si peur des revenants.

— Eh bien, j'ai justement reçu hier, reprit le duc, le conseil que vous me donnez aujourd'hui, Rubens ; seulement celui qui me le donnait n'a pas dû se compromettre en venant me le dire lui-même, et il me l'a écrit. »

Le duc se leva et prit une lettre qu'il donna au peintre.

« Vous voyez, milord, que mes craintes sont raisonnables, reprit Rubens ; cette lettre en dit même plus que moi : je ne vous ai donné qu'un conseil, et elle a tout l'air d'une prophétie.

— De qui peut-elle être? interrompit le duc.

— C'est une écriture de femme, milord.

— Mme de Chevreuse ? fit le duc.

— Peut-être, répondit le peintre.

— Elle me l'eût dit elle-même, » reprit Buckingham.

Il se fit un silence. Tous deux se regardaient sans oser parler. Il était évident que la même pensée leur était venue. Seulement, ils n'osaient se la communiquer : le duc, dans la crainte de paraître trop fat, le peintre de peur de sembler trop indiscret ; sans quoi tous deux eussent nommé la reine, non comme ayant écrit, mais comme ayant fait écrire cette lettre anonyme.

Buckingham fut le premier à rompre le silence.

« Je suivrai ce double avis, maître, dit-il en relisant le billet, et je partirai d'ici à quelques jours. J'ai un grand sacrifice à vous demander, Rubens, continua le duc, mais je ne veux pas vous le demander moi-même, car je veux vous laisser toute liberté de me refuser. Je vous ferai dire ce que c'est, quand vous serez de retour à Anvers.

— Je suis aux ordres de Votre Grâce, reprit le

peintre, et moi et mes pinceaux sont à votre service, milord.

— Nous verrons, nous verrons, dit le duc ; adieu, maître, et n'oubliez pas votre ambassade.

— Non, milord, soyez-en sûr. »

Quelques jours après cette scène, le duc partait, comme nous l'avons dit, pour Amiens, avec la cour qui accompagnait la jeune reine.

Quant à Rubens, il était reparti pour Anvers.

Quoique plus tard ils doivent avoir des relations ensemble, à partir de ce jour, le duc et le peintre ne se virent plus. Nous devrions donc, nous, historien de Rubens, abandonner Buckingham ; mais le commencement élégant, bizarre et fou de l'ambassadeur de Charles Ier n'est rien sans la dernière aventure, et comme cette dernière aventure a lieu à Amiens, nous dépasserons les bornes et nous suivrons la cour.

Pendant le séjour de Buckingham dans cette ville, Rubens ne perd pas son temps à Anvers, et nous aurons, en revenant à lui, quelques nouveaux chefs-d'œuvre à consigner. Laissons-le donc travailler, et suivons Mme Henriette.

Les trois reines, en arrivant à Amiens, avaient pris des hôtels séparés, n'en ayant pas trouvé un assez vaste pour les recevoir toutes les trois. Celui d'Anne d'Autriche était le plus grand, avait de beaux jardins qui descendaient jusqu'à la rivière ; c'était donc chez elle le rendez-vous des autres princesses, et, par conséquent, du reste de la cour. Il s'agissait, pour Buckingham, de retarder le départ d'Amiens comme il avait retardé celui de Paris : alors c'étaient chaque jour de nouvelles fêtes, de nouveaux bals, de nouvelles excursions, et l'imagination de l'amant magnifique n'était jamais en défaut. La vie était donc, pour ces dames, plus agréable qu'au Louvre, sans ajouter que le cardinal et le roi avaient été forcés de partir presque aussitôt pour Fontainebleau.

Un soir, la reine, qui aimait à se promener tard, descendit dans les jardins, donnant la main à Buckingham ; derrière elle venaient milord Rich et Mme de Chevreuse. Après un grand nombre d'allées et de venues, la reine, qui s'était assise avec toutes les dames de sa suite, se leva et reprit la main du duc. Il faisait nuit close, et bientôt Anne d'Autriche et son cavalier disparurent au tournant d'une charmille. Au bout de quelques instants, la reine poussa un cri suivi de plusieurs autres cris étouffés. On accourut ; la reine était fort pâle et fort émue. Alors elle dit que le duc l'avait quittée, et qu'en se trouvant seule elle avait eu peur et avait appelé.

Personne ne crut à ce petit mensonge et les versions circulèrent.

Le lendemain, le duc partit pour Boulogne.

La reine s'en croyait délivrée, comme elle l'avait dit elle-même, quand un soir Buckingham se présenta à l'hôtel d'Anne d'Autriche et demanda à être introduit près d'elle, ce qu'on n'osa lui refuser.

Il trouva la reine couchée et se jeta à ses genoux avec les paroles les plus tendres, malgré la présence de sa dame d'honneur. La reine, qui comprenait les suites fâcheuses que pouvait avoir cette double aventure, lui donna l'ordre positif de partir, et, dans la nuit, pour adoucir sans doute la rigueur de cet exil, elle lui fit remettre une cassette contenant douze ferrets de diamants, qu'elle avait portés en aiguillettes au bal de Mme de Chevreuse et qui étaient un cadeau du roi. Le lendemain, elle prit congé du duc devant toute la cour.

Trois jours après, Buckingham était hors de France.

Le cardinal avait appris l'aventure du jardin et l'avait racontée au roi, qui commença une exécution parmi les serviteurs de la reine.

Mme de Chevreuse échappa naturellement à cette disgrâce, parce qu'elle était partie pour Londres avec milord Rich. Le cardinal avait appris de Mme de

Lannoy que la reine n'avait plus les ferrets que lui avait donnés le roi, et que, sans aucun doute, le cadeau de l'époux royal était entre les mains du duc. Louis XIII apprit du cardinal cette nouvelle circonstance.

Richelieu écrivit à lady Clarilk, qui avait été la maîtresse de Buckingham, de couper deux des ferrets, de les lui envoyer, et qu'en échange elle recevrait cinquante mille livres.

Quinze jours après, Richelieu reçut ce qu'il avait demandé.

Le lendemain, le roi annonça à la reine qu'un bal donné par les échevins de Paris allait avoir lieu à l'hôtel de ville, et que, pour leur faire honneur, ainsi qu'à lui, elle eût à se parer des ferrets qu'il lui avait donnés.

Anne d'Autriche répondit qu'il serait fait selon le désir du roi.

L'heure du bal arriva. A onze heures, on annonça la reine.

Tous les regards se portèrent avec amour sur elle, et le roi vint lui faire compliment sur sa beauté. Il compta les ferrets : il n'en manquait pas un. Le cardinal était stupéfait. Les douze ferrets étaient sur l'épaule de la reine, et cependant il en tenait deux dans sa main.

C'est que si Richelieu était un adroit politique, Buckingham était un magnifique et puissant seigneur.

Quand le duc vit qu'il lui manquait deux ferrets, il crut d'abord à un vol ordinaire, puis il soupçonna une trahison. Alors il avait fait faire défense à tout patron de bâtiment de mettre à la voile, sous peine de mort.

Pendant ce temps, le joaillier de Buckingham faisait en hâte deux ferrets exactement pareils aux dix autres. Le soir du jour où ils furent terminés, un léger bâtiment, pour lequel la consigne avait été levée, faisait route vers Calais, et douze heures après la consigne était levée pour tous.

Si bien que la reine reçut les ferrets douze heures avant l'invitation du roi.

Et maintenant abandonnons cette cour, Louis XIII, Marie de Médicis, Richelieu et Anne d'Autriche, le roi tyrannisé par sa mère et le cardinal, la reine par tous les trois, et revenons à Rubens.

Dès que Rubens fut de retour à Bruxelles, la première chose qu'il fit fut de se présenter chez l'archiduchesse, afin d'accomplir la mission dont l'avait chargé Buckingham. L'archiduchesse était Espagnole, elle avait donc tout intérêt à ce que la cour de Philippe IV qui, depuis trois ou quatre ans, était monté sur le trône, fût bien avec celle de Charles Ier, le nouveau roi. Elle dit donc à Rubens d'entretenir un commerce de lettres avec le favori, tandis que, de son côté, elle prendrait les ordres du roi d'Espagne. Rubens obéit, et Buckingham, après quelque temps, croyant que le peintre s'était tout à fait dévoué à la politique, lui envoya demander le sacrifice qu'il n'avait pas voulu lui demander lui-même, et qui consistait dans la vente des tableaux de sa galerie. Celui que le duc avait chargé de cette commission était un connaisseur éclairé, nommé Blondel. Il dit à Rubens que Buckingham était ambitieux de toutes les belles et grandes choses, et surtout des choses d'art, et finit par le décider. Rubens céda ses antiques, à la condition toutefois que le duc lui en donnerait les moules en plâtre, et il reçut cent vingt mille francs pour cette vente ; puis il remplaça les tableaux vendus par d'autres, et, après peu d'années, il avait un cabinet aussi beau que le premier.

Cependant il s'était remis à la peinture et venait de terminer une Cène pour la cathédrale de Malines.

Pour l'église de Saint-Jean, il avait fait une Adoration des mages, ayant sur le volet de gauche la Décollation de saint Jean-Baptiste ; sur celui de droite, le Martyre de saint Jean l'Évangéliste ; sur le revers des volets, saint Jean-Baptiste dans le désert et saint Jean l'Évangéliste dans l'île de Pathmos. Au-dessous de l'autel, où ce tableau avait été placé, il mit encore la Résurrection, le Christ en croix et l'Adoration des bergers.

Une miniature n'est pas plus finie que les huit tableaux que le peintre conçut, ébaucha et exécuta de sa propre main en dix-huit jours.

Ce n'est pas tout :

A l'église Notre-Dame de Malines, il donna une Pêche miraculeuse qui est un de ses chefs-d'œuvre. Sur l'un des volets se trouvent le jeune Tobie et le poisson. Sur l'autre, la pêche du poisson portant le denier du tribut. Au revers, les figures de saint Pierre et de saint Paul, puis trois autres petits tableaux : Jonas jeté à la mer, saint Pierre s'enfonçant dans les eaux, et le Christ en croix.

C'était au milieu des distractions qu'il allait chercher à son château de Steen, situé à peu de distance de Malines, que Rubens fit ces tableaux que nous venons de nommer. Il les fit comme les précédents, lui-même, sans l'aide d'aucun de ses élèves ; seulement il mit encore moins de temps pour les achever, et ils étaient finis dix jours après avoir été commencés.

Au milieu de ses travaux, rapides comme la pensée, Rubens perdit sa femme. Alors un même tombeau renferma les deux seules affections qu'il eût eues, et que Dieu lui avait enlevées. Il revint s'agenouiller encore au cercueil de sa mère, mais cette fois pour mettre à ses côtés celle qui l'avait consolé de sa perte. Il reposa pieusement et tristement le marbre sur ce qui n'était plus, sur la tombe où il avait enfermé l'une après l'autre chaque partie de son cœur; et, triste à cette nouvelle affection comme à sa première douleur, il voulut quitter de nouveau les lieux qui lui rappelaient incessamment le passé.

Il partit donc pour Utrecht, où il voulait visiter Corneille Pœlenbourg. A Gonda il rencontra Sandrart, et continua sa route avec lui. Il vit celui qu'il voulait voir, emporta un de ses tableaux, lui en donna un de lui, ce qui l'arrêta trois ou quatre jours, et il se rendit à La Haye, après avoir laissé un tableau dans toutes les villes où il y avait une église, et une aumône dans tous les endroits où il y avait une misère.

Ce voyage artistique cachait, disait-on, une mission de l'infante Isabelle : mission qui consistait à s'insinuer auprès des états généraux séants à La Haye, et à dissiper quelques difficultés survenues entre les deux cours. Son retour fut signalé par un nouveau chef-d'œuvre : le Martyre de saint George.

qu'il termina en quelques jours, et une Apparition de la Vierge à saint François d'Assise.

Ici commence véritablement la carrière politique de Rubens. Car, au milieu de tous ces tableaux que la postérité juge seuls, les rois contemporains remirent quelquefois leurs intérêts entre ses mains. Aujourd'hui, Rubens n'est pour nous qu'un génie prodigieux, un peintre colossal, car, évidemment, son pinceau écrase sa diplomatie ; mais, pour Vincent de Gonzague, pour l'archiduchesse Isabelle, pour Buckingham, pour Philippe IV, pour Charles Ier enfin, c'était plus qu'un peintre, c'était un ambassadeur attendu souvent avec impatience, envoyé parfois avec crainte, reçu toujours avec enthousiasme. Car si l'ambassadeur n'apportait pas toujours de bonnes nouvelles, le peintre laissait toujours de belles choses.

C'était l'époque des favoris, Buckingham en Angleterre, Richelieu en France, Olivarez en Espagne; et, comme si Rubens eût été prophète, le nouveau ministre espagnol promettait de l'éclat au règne de Philippe IV, tout en étant fort mal avec les ministres de Charles Ier et de Louis XIII. Le roi avait appris les entretiens de Rubens et de Buckingham, et il voulut donner suite aux négociations ébauchées en France. L'infante Isabelle ne crut pas pouvoir trouver un meilleur ambassadeur que notre peintre, qui, muni d'instructions secrètes, partit pour Madrid. C'étaient les folies qu'avait faites Buckingham en Espagne qu'allait réparer Rubens. Peut-être le favori anglais avait-il été forcé de quitter si promptement la cour de Philippe IV pour une des raisons qui lui firent quitter celle de Louis XIII. En Espagne, ce n'était pas à une reine, il est vrai, que s'adressait son amour hardi, mais à la duchesse d'Olivarez, dont le mari, qui disait tout simplement : « Il faut faire tuer Richelieu, » quand celui-ci osa élever ses prétentions jusqu'à Anne d'Autriche, n'aurait pas plus hésité à se défaire de Buckingham. L'ambassade de Rubens était donc importante, car il allait avoir à faire taire une double haine : de mari jaloux et de ministre puissant.

Enfin, au mois de septembre 1627, Rubens arriva à Madrid. Il fit demander une audience au roi, qui le reçut dans son cabinet avec beaucoup de distinction. Alors il exposa l'objet de sa mission à Philippe IV, qui subit le même étonnement, en l'écoutant parler, que vingt ans auparavant avait éprouvé le duc de Mantoue. La seconde fois que le peintre fut admis près de Sa Majesté Espagnole, le duc d'Olivarez se trouvait là, et le ministre s'étonna à son tour de cette connaissance des affaires d'État.

Dans le temps qu'il n'était pas demandé à la cour, l'ambassadeur redevenait peintre. Ainsi il copiait deux tableaux de Titien : l'Enlèvement d'Europe et e Bain de Diane, dont Philippe IV voulait donner les orginaux au prince de Galles, qui les avait fort admirés au voyage qu'il avait fait précédemment en Espagne, lors de son projet de mariage avec l'infante ; mais ce mariage n'ayant pas eu lieu, copies et originaux restèrent à Madrid. Puis, le soir, dans ces heures de solitude, où la pensée se reporte vers le pays qu'on vient de quitter, plein de ses souvenirs et de ses joies, il écrivait à son ami Gevaerts, secrétaire de la ville d'Anvers, auquel il avait confié ses deux fils :

« Je vous recommande mon fils Albert; menez le plus souvent dans votre mairie que dans votre oratoire. »

Rubens resta dix-huit mois à Madrid, et ce temps écoulé, le roi lui fit remettre ses lettres de créance et ses instructions pour la cour de Londres ; puis, après lui avoir donné une bague enrichie de diamants et douze chevaux, il laissa partir l'ambassadeur, qui arriva à Bruxelles, rendit compte de son voyage à l'archiduchesse, et s'embarqua immédiatement pour Londres.

Pendant ce temps, Buckingham était revenu en Angleterre. Le mariage du jeune roi avec Mme Henriette avait eu lieu, puis les haines ouvertes s'étaient déclarées contre le favori, jusqu'à ce qu'un homme obscur, résumant les haines dans un coup de couteau, eut tué Buckingham, un an avant la mort de Rubens.

Le peintre ne connaissait donc plus personne à Londres, et sa mission étant secrète, il ne voulait s'ouvrir à personne. Il tâcha d'avoir une entrevue avec le chancelier Cottington et l'obtint. Ce ministre, frappé de son talent et de ses manières, en parla à Charles Ier, qui voulut le voir.

Comme Philippe IV, Charles Ier le reçut dans son cabinet : c'était un roi doux et affable, aimant les arts et les artistes, de sorte que le peintre fut admirablement reçu.

« Vous avez beaucoup voyagé, maître, lui dit le roi, et nous sommes heureux que vous n'ayez pas oublié notre pays, dans votre itinéraire.

— Sire, reprit le peintre, c'était un engagement pris depuis longtemps avec le duc de Buckingham, que je vis à Paris, en 1624.

— Vous avez connu Buckingham, Rubens ? dit Charles Ier avec un soupir. C'était un esprit fou, peut être, mais un noble cœur, n'est-ce pas?

— Oui, sire.

— J'ai bien lutté pour lui... Enfin ! »

Et le roi se leva et se promena à grands pas dans son cabinet ; puis, revenant à Rubens :

« Vous êtes arrivé depuis peu de temps à Londres ? continua-t-il.

— Depuis trois jours, sire.

— Et vous veniez de Bruxelles ?

— Où je ne suis resté que quelques jours aussi ; car j'arrivais d'Espagne, comme je l'ai dit à Votre Majesté, et j'avais hâte d'arriver en Angleterre,

— Et pourquoi, maître, cet amour pour notre royaume ? fit le roi en souriant.

— Une vanité bien naturelle, sire.

— Et laquelle ?

— Celle de voir Votre Majesté, et l'espoir qu'elle daignerait me permettre de laisser mon tribut d'art à l'Angleterre.

— Vous ferez d'abord notre portait, maître Rubens, dit le roi avec familiarité ; puis, tout ce que vous voudrez nous laisser, nous vous le prendrons;... mais comme les rois prennent, ajouta-t-il avec douceur.

— C'est plus que je n'osais espérer, sire, et je regrette de n'avoir pas quitté plus tôt l'Espagne.

— N'est-ce donc pas un pays hospitalier ?

— Au contraire ! Et Votre Majesté se rappelle peut-être...

— Que, grâce à ce pauvre Buckingham et à ses folies, que je lui pardonne, interrompit le roi, nous avons été forcés de la quitter un peu plus vite que nous n'y étions venus ; et, depuis ce temps, on a toujours reproché au duc de m'avoir brouillé avec Philippe IV.

— Peut-être cette querelle ne durera-t-elle pas longtemps, sire, fit le peintre, qui sondait le terrain, et je crois que Sa Majesté Philippe IV ne demande qu'à l'oublier.

— Vous vous occupez donc de politique, maître ?

— Quelquefois, sire.

— Et la peinture n'en souffre pas ?

— Elle y gagne, au contraire, sire, puisque c'est à la politique que je dois d'avoir vu Sa Majesté Philippe IV, qui m'a fait travailler pour elle, et que je dois de voir Votre Majesté, qui me commande son portrait.

— Vous n'êtes donc pas venu seulement comme peintre ?

— Un peu comme peintre, sire, et beaucoup comme ambassadeur.

— Ah vraiment ! fit le roi en regardant Rubens. Eh bien ! parlez, maître, je vous écoute.

— Eh bien, sire, j'ai reçu du roi Philippe IV des instructions pour Votre Majesté. Le plus vif désir de la cour de Madrid est de terminer la guerre avec la cour de Londres, et je me regarderais comme très-honoré et très-heureux, sire, si Votre Majesté voulait me charger des négociations.

— C'est une grande politique de la part du roi Philippe IV, répondit Charles Ier, d'avoir choisi un pareil ambassadeur. Il savait qu'il ne pouvait m'en envoyer un qui me fût plus agréable. Voyez notre ministre Cottington, maître, nous vous laisserons agir, et nous n'oublierons pas notre portrait. »

En effet, Rubens se mit à l'œuvre, menant de front la peinture et la diplomatie. Au bout de deux mois, il n'avait plus rien à faire à Londres. Il laissait une vingtaine de tableaux, tels que huit sujets de la vie d'Achille, une Assomption de la Vierge, un saint George, portrait du roi, délivrant une femme, qui est le portrait de la reine, et neuf grandes pièces et un plafond à White-Hall, représentant les principales actions de la vie de Charles Ier : voilà pour le peintre. Puis le traité de paix entre les deux pays avait été signé entre les deux rois : voilà pour le diplomate.

Charles Ier ne le laissa pas partir sans lui témoigner dignement son estime. Il le créa, contre l'usage, chevalier en plein parlement, lui donna l'épée enrichie de diamants avec laquelle s'était faite la cérémonie, et ajouta à ses armes un canton chargé d'un lion d'or. Puis, quand le peintre vint prendre congé du roi, Sa Majesté tira de son doigt un fort beau diamant qu'il passa à celui de Rubens, lui donna le cordon de son chapeau, qui valait plus de dix mille écus, et lui mit au cou une riche chaîne d'or ornée de son portrait, que ne quitta jamais Rubens.

C'est ainsi que les rois recevaient les artistes à cette époque, comprenant que toutes les royautés sont égales, sans ajouter que l'on s'épuise à lutter contre Homère, comme a fait Zoïle, et qu'un homme peut renverser un trône, comme a fait Cromwell.

Rubens partit donc de nouveau pour Bruxelles, où il rendit compte à l'archiduchesse du succès de sa mission ; puis pour Madrid, où il reçut une seconde fois le titre de chevalier, et revint enfin à Anvers chargé de présents et fatigué de tant de voyages.

A compter de ce moment, la carrière politique de Rubens est à peu près finie, à l'exception d'une petite mission à La Haye, et d'une autre auprès de Marie de Médicis et de Monsieur, réfugiés à Bruxelles ; car les choses avaient de nouveau changé en France, depuis le départ du peintre. Richelieu s'était révélé. La querelle du fils et de la mère s'était rallumée plus vivace que jamais sous le souffle du ministre, et Marie de Médicis avait été forcée d'abandonner la cour pour le château de Compiègne, où Louis XIII la tenait comme en prison. Plus tard, elle se réfugia, comme nous l'avons dit, à Bruxelles.

A cette époque, c'est-à-dire en 1630, elle était encore en France; ce ne fut donc qu'un an plus tard que l'archiduchesse lui envoya le peintre.

Une fois de retour à Anvers, Rubens épousa Hélène Froment et se remit à l'œuvre; car c'était l'homme infatigable. A cette époque, il avait cinquante-trois ans, et l'on eût pu croire qu'après cette vie de productions, de voyages, de fatigues, il aurait besoin de repos et s'arrêterait enfin; mais non; cette organisation privilégiée avait toujours la même puissance et la même fécondité, et le premier tableau qu'il fit à son retour fut un chef-d'œuvre : c'était un Christ succombant sous le poids de sa croix, qu'il exécuta en seize jours.

Quand il fut terminé, les religieux de l'abbaye d'Affligbem, par qui il avait été commandé, firent quelques difficultés sur le prix qu'en demandait le peintre, prétendant que ce tableau avait été fait trop vite pour valoir la somme convenue. Alors Rubens, qui, pendant le temps qu'il aurait discuté, pouvait en faire un autre, préféra apaiser leur plainte en leur donnant les Miracles de saint Benoît, pour leur réfectoire.

A ce tableau succéda saint Roch guérissant les pestiférés, pour la confrérie de Saint-Roch d'Alost, tableau qui passe pour un des plus parfaits du peintre, et qui fut achevé en huit jours.

Les membres de cette confrérie furent moins récalcitrants que les premiers, et tellement enchantés de l'œuvre, qu'ils payèrent tout de suite le prix que leur demandait Rubens. Ce procédé auquel, à ce qu'il paraît, les confréries n'avaient pas habitué le peintre, le charma tellement que, pour les en remercier, il leur donna trois petits tableaux :

Un ange guérissant saint Roch de la peste ; saint Roch en prison, et un Christ en croix.

Pour la ville de Gand, il peignit saint Bavon distribuant ses aumônes aux pauvres, tableau qu'on a tellement restauré qu'il est méconnaissable, et un Martyre de Saint-Liévin à qui on arrache les entrailles et qui est une des plus belles compositions du peintre.

Et tous ces tableaux étaient conçus et exécutés avec cette rapidité merveilleuse dont nous avons parlé tant de fois. Ainsi, chez Rubens, pas un instant de repos et pas un instant de fatigue : toujours la même force et la même poésie. L'homme vieillit, le peintre reste jeune. A l'âge où la pensée se change déjà en souvenir, où le corps commence souvent à s'affaisser, où l'imagination tend à s'affaiblir, Rubens a conservé tout ce qui jusqu'alors l'a fait grand, le pinceau magique de Rome, de Venise et de Florence, cette même conception large et vigoureuse, cette même couleur puissante et énergique. Tout ce qui a un nom, une fortune, toute ville qui a un palais, veut avoir un tableau de lui ; on se presse dans son atelier, on s'arrache ses toiles. Alors, pour suffire à toutes ces demandes, il met un tarif régulier à toutes ses productions ; il ne travaille plus qu'à la toise, et la toise coûte tant.

Comme vous pensez, ce fut une grande joie parmi les critiques. L'idole allait donc enfin tomber ! Il vendait son génie par morceaux, il spéculait sur son art ; celui qu'on avait admiré si longtemps, on allait donc pouvoir enfin l'abaisser ! car on ne veut pas subir toujours le même enthousiasme, et plus l'homme de génie s'élève, plus il semble abaisser la foule qui le contemple, qui s'étonne, qui l'admire, et finit par l'élever jusqu'à ce qu'il soit tellement haut qu'il ne touche plus en rien à la terre.

Tous ces cris se perdaient comme ceux d'une volée de corbeaux qui passent, et Rubens continua de vendre ces toiles de peinture devant lesquelles nous nous prosternons aujourd'hui.

Puis un autre reproche qu'on lui faisait encore, c'était de faire travailler ses élèves, c'est-à-dire de faire ce que les plus grands peintres ont fait. Ces élèves, excepté Van Dyck, ont-ils, quand ils ont suivi leur route chacun de son côté, produit quelque chose de comparable aux œuvres de Rubens? et qu'eussent-ils été cependant sans lui?

Sur ces entrefaites, l'archiduchesse Isabelle mourut.

Rubens était comme toutes les grandes âmes, reconnaissant pour qui l'avait protégé, et son deuil fut un des plus vrais.

Philippe IV devint, par la mort de sa tante Isabelle, possesseur des Pays-Bas, et il en confia le gouvernement à son père, le prince Ferdinand, qui, après la victoire de Nortlingue, vint en prendre possession, en 1633.

Quand le prince se présenta, il fallut lui faire une entrée comme à un roi, et un triomphe comme à un vainqueur.

Rubens fut encore chargé par la ville d'Anvers de faire pour le prince quelque chose de magnifique.

Le peintre se mit à l'œuvre, et jamais peut-être il n'avait déployé tant de génie et de variété : architecture, poésie, peinture, décorations, il employa tout et sema à pleines mains sa verve et sa fécondité. Onze arcs triomphants furent dressés, couverts d'ornements, d'allégories, d'inscriptions, de tableaux que la gravure a conservés.

Cinq des grandes esquisses de ces tableaux ont été gardées, ce sont:

Le Mariage de Philippe le Beau, fils de l'empereur Maximilien, avec la princesse Jeanne d'Autriche;

La Bataille de Nortlingue;

Les Trophées de la victoire de Callao;

Jason s'emparant de la Toison d'or;

Hercule vainqueur du dragon des Hespérides.

Comme si la maladie n'eût attendu que la fin de ces travaux pour se déclarer, dès que tout fut fini, Rubens fut pris de maux de goutte qui l'empêchèrent de marcher. Mais, s'il ne put assister au double triomphe du prince et de ses œuvres, il reçut du moins la visite du frère de Philippe IV. Ce n'était pas du reste la première fois qu'une tête couronnée entrait dans l'atelier du peintre, et Marie de Médicis, au milieu de son exil, vint souvent parler avec Rubens des chefs-d'œuvre du Luxembourg.

Le prince le trouva au milieu de ses enfants, à l'éducation desquels il se livrait avec bonheur. Il causa quelques heures avec lui, visita tout son atelier, feuilleta tous ses cartons, et prit congé de lui en promettant de lui continuer la même amitié que l'archiduc Albert. Mais peu à peu le peintre perdit l'usage de la main, et avec l'inaction vint l'ennui, et avec l'ennui la mort. Ce n'est pas que Rubens ne pût faire autre chose que de peindre ; mais ce besoin de travail était si puissant dans sa vie, qu'il devait souffrir devant ses pinceaux et ses toiles ce que Tantale souffrait devant les fruits et l'eau du lac.

La vie de Rubens avait été régulière, grande et belle. Aussi, en reportant les yeux sur son passé, le travail, il rayonnait de toutes les gloires que l'homme peut envier. Aussi pouvait-il, à son heure dernière, s'environner de ceux à qui il allait laisser un des plus grands noms qu'un homme puisse avoir, et leur montrer à nu toute son existence. Depuis longtemps déjà il ne travaillait plus ; le soir, il ne faisait plus, comme autrefois, le tour des remparts sur un de ses beaux chevaux, pareils à celui qu'il donna à Van Dyck, partant pour Rome. Les journées se passaient donc dans la famille, et, sans doute, les dernières pensées de l'artiste furent pieuses et solennelles. Deux de ses enfants consacrèrent leur vie à Dieu, après qu'il eut appelé à lui leur père : car il arriva ce qui, selon la loi immuable, doit arriver : un jour, cette puissante organisation ne put rien contre un accès de goutte, et, le 30 mai 1640, Rubens mourut.

Malgré tout le génie de l'homme, malgré toute la douleur de ses enfants, il fallut rendre à la terre ce qui appartient à la terre. Rubens fut inhumé dans l'église paroissiale de Saint-Jacques d'Anvers, et la cérémonie se fit avec tous les honneurs dus à l'homme qui n'était plus qu'un cadavre.

On porta devant son cercueil un camail de velours noir sur lequel était une couronne dorée. La principale noblesse, le clergé, les artistes, tous ceux qui avaient connu l'homme, tous ceux qui avaient admiré le peintre, vinrent lui rendre les derniers devoirs.

Puis, quand on eut reposé la pierre qui sépare l'âme du corps pour l'éternité, on grava cette épitaphe sur sa tombe :

> Ipsa suos spis, debit insa aurora colores,
>   Lux, umbras, Titan, numina clara tibi.
> Das tu Rubenius vitam, mentemque figuris
>   Et per te vivit lumen, et umbra, color.
> Quid te, Rubeni nigro mors funere volvit ?
>   Vivit, victa tuo, picta colore rubet.

et tout fut dit.

Il y avait quarante ans que, plein d'espoir et d'avenir, Rubens était parti pour Venise.

FIN.

www.ingramcontent.com/pod-product-compliance
Ingram Content Group UK Ltd.
Pitfield, Milton Keynes, MK11 3LW, UK
UKHW022030170726
13837UKWH00002B/510

9 782329 497150